어린이·청소년 역사책, 길을 묻다

RICH 트랜스내셔널인문학총서

어린이·청소년 역사책, 길을 묻다

한양대학교 비교역사문화연구소 기획
정면 엮음

cum libro
책과함께

'국경을 넘는 역사'의 사회적 확산을 위하여

이 책은 비교역사문화연구소가 '국경을 넘는 어린이·청소년 역사책' 제정을 기념하여, 2013년 3월 29일 한양대학교에서 진행한 심포지엄 '어린이·청소년 역사책, 길을 묻다'에서 발표된 논문들을 중심으로 묶은 것이다. 따라서 이 책은 '국경을 넘는 어린이 청소년·역사책'과 깊은 관련을 가지고 있다. 심포지엄의 의도는 이 상의 제정 취지를 소개하고 이와 더불어 우리 사회에 유통되는 어린이와 청소년 대상 역사책의 현재를 진단하고 미래를 함께 고민하자는 것이었다.

비교역사문화연구소는 창립 초기부터 '국경을 넘는 역사'를 주장해왔다(대표적인 노력으로 《근대의 국경, 역사의 변경—변경에 서서 역사를 바라보다》와 《국사의 신화를 넘어서》의 출간을 들 수 있다). 여기에서 넘어서야 할 '국경'은 일차적으로 근대식 지도에 의해 형상화된 국민국가의 영토를 구현하는 경계선을 가리키지만, 궁극적으로는 그 '지리적 신체(geo-body)'인 영토를 역사의 기점으로 삼아 거꾸로 역사를 거슬러 올라가는, '거꾸로 선 계보학'으로서의 '국사(national history)' 패러다임(《근대의 국경, 역사의 변경》 19쪽)의 인식 틀을 지칭한다. 따라서 '국경을 넘는 역사'란 우선 이 국사 패러다임으로부터 벗어난 역사 서술을 의미해야 할 것이다.

고구려사 역사 논쟁이 한창일 무렵부터 비교역사문화연구소는 국민국가의 정치권력과 같은 텍스트로 짜인 '국사'들의 '적대적 공범관계'를 폭로하고, 국사 패러다임으로부터의 탈피를 주장하였으며, 이러한 주장과 시각의 사회적 확산을 위하여 지난한 노력을 기울여왔다. 그러나 현실은 여전히 녹록하지 않다. 일례로, 얼마 전 공개된 국회의 〈동북아역사왜곡대책특별위원회 활동 결과 보고〉에 따르면, '주체적인 사관에 의한 역사 서술'을 위하여 관련 연구 기구의 정비와 국가 차원의 관련 연구 예산의 확대를 예고하고 있다. 그리고 최근 모 기관의 '상고사(조선사)' 관련 연구 과제 공모(10과제 총 3억)는 이의 실현을 뒷받침하고 있다.

비교역사문화연구소는 근본적이고 장기적인 전략을 모색하였다. 그 결과 선택한 것이 '국경을 넘는 어린이·청소년 역사책' 시상제도였다. 이는 각 급 학교에서의 제도화된 역사 교육과 우리 사회 곳곳에 구축한 강고한 '진지'들을 통해 헤게모니적 지위를 누리고 있는 '국사' 패러다임(《국사의 신화를 넘어서》 16~18쪽)에 대한 도전이다. 즉 우리 사회의 미래 시민인 어린이와 청소년의 역사관 형성에 일정한 역할을 하고 있는 어린이·청소년 역사책에서 '역전' 혹은 '전복'의 단서를 찾은 것이다. 물론 입시제도에 영합하여 움직이는 어린이·청소년 역사책 시장 또한 '국사'의 '진지' 중 하나임에 틀림없다. 그럼에도 우리는 이 시상제도가 이 '진지'의 참호 벽 작은 틈에 내려앉아 뿌리내릴 '씨앗'이 되리라고 믿는다.

앞서 언급했듯이, 이 시상제도의 제정을 기념하여 열린 심포지엄 '어린이·청소년 역사책, 길을 묻다'가 이 책의 바탕이 되었다. 심포지엄의 발표는 유통되는 역사책들이 지닌 문제점들을 분석, 지적하는 데에 초점이 맞추어졌으며, 크게 두 부분으로 나뉘었다.

첫째, 전반적 환경과 현황을 살펴보고자 하는 의도에서 초등 교육과정과 역사 교과서, 그리고 어린이·청소년용 역사책의 전반적 문제를 다루는 발표들이 진행되었다. 둘째, 구체적인 문제들을 분석하고자 하였고, 역사책들에 실린 '지도'에 대한 분석과 '과학 영웅' 서사에 대한 분석이 이루어졌다. 이 과정에서 다양한 문제들이 지적되었지만, 역시 모두가 공감한 가장 큰 '괴물'은 여전히 위력을 발휘하고 있는 국사 패러다임 자체였다.

심포지엄의 발표 내용이 모두 책으로 이어지지는 못했다. 2000년대 이후 출판된 어린이·청소년 역사책의 주요 특징과 오류의 유형 등 현황 전반에 관한 분석을 수행한 글은 안타깝게도 여러 가지 사정으로 인해 함께하지 못했다. 나머지 발표들은 수정 보완을 거쳐, 〈2009 초등역사 교육과정 및 현행 초등역사 교과서 서술 검토〉, 〈그려지는 것들'과 '그리지 않는 것들'−어린이·청소년 역사책 속 동아시아 지도 분석〉, 〈근대화의 꿈과 '과학 영웅'의 탄생−과학기술자 위인전의 서사 분석〉이라는 제목으로 이 책에 실렸다. 그리고 이에 더하여, '초콜릿'을 소재로 실제 초등학교 교실에서 이루어진 '지구적 관계 맺기'에 관한 수업 과정을 분석한 글을 함께 실었다. 〈지구적 관계 맺기−'착한 초콜릿' 수업 실천을 통한 성찰〉이 그것이다.

2014년 2월 28일에 비교역사문화연구소는 '국경을 넘는 어린이·청소년 역사책'의 첫 번째 시상식을 한양대학교에서 가졌다. 어린이 부문 및 청소년 부문의 권장도서 목록 발표와 더불어 각 부문 대상과 장려상 수상 작가들에 대한 시상이 이루어졌다. 이 책 부록에서 이 시상과 관련된 내용을 소개하였다. 먼저 이 상의 '심사 규정'을 그대로 옮겨 실었다. 둘째는 제1회 '국경을 넘는 어린이·청소년 역사책' 본심위원장의 '총심사평'을 실었다. 마지막으로 이 상과 관련하여 〈'트랜스내셔널 역사학'과 '어린이·청소년 역사책' 어떻게 만날 것인가〉라는 제목의 좌담회가 열렸는데, 그 녹취록을 전재하였다.

이 책 또한 '국경을 넘는 역사학'의 사회적 확산을 위한 노력의 하나다. 아직 '길을 묻는' 수준에 불과하지만, 이 책이 '국경을 넘는 어린이·청소년 역사책'의 선정 기준이 제시하는 바와 같은 역사책이 많이 나오는 데 보탬이 되기를 기대해본다. '국경을 넘는 어린이·청소년 역사책'의 선정 기준은 "국민국가의 관점을 넘어 초국적(transnational)/전 지구적(global) 시각에서 한반도, 나아가 인류의 역사와 문화를 이해하는 데 기여하고, 다문화사회에 걸맞은 '공존의 윤리'를 구현한 작품"이다.

마지막으로 이 책의 출간에 도움을 주신 많은 분들에게 감사의 마음을 표한다. 먼저 2013년 3월 29일 '어린이·청소년 역사책, 길을 묻다' 심포지엄의 행사장을 가득 메우고, 우리의 취지에 지지를 표해준 청중들에게 감사드린다. '국경을 넘는 어린이·청소년 역사책'을 기획하고 진행한 분들에게도 감사드려야 할 것이다. 한양대학교 비교역사문화연구소 소장 임지현 선생님을 비롯하여, 윤해동 선생님과 박정미 선생님께 감사드리며, '어린이책 연구 모임'의 이지수 선생님과 김선희 선생님에게도 이 자리를 빌려 감사의 마음을 전한다. 그리고 예심위원으로 수고해주신 최정아, 한경미, 안정희, 이동욱 선생님, 그리고 본심위원의 역할을 감내해주신 임기환 선생님과 오세운 선생님에게도 감사드린다. 끝으로 인내심을 가지고 이 책의 출간을 진행해준 책과 함께 출판사에 감사의 말씀을 드린다.

2014년 5월
정면

차례

2009 초등역사 교육과정 및 현행 초등역사 교과서 서술 검토

임기환

1. 시작하며

현재 한국에서 역사 교육의 내용과 방향에 가장 큰 영향을 주는 것은 교육부에서 고시하는 역사 교육과정 및 이에 기초하여 편찬하는 역사 교과서라고 할 수 있다. 따라서 초등역사 교육 현실에 대한 진단이나 개선 방향을 모색하는 시도는 현행 역사 교육과정과 역사 교과서를 검토하는 것에서부터 출발해야 할 것이다.

교육과정은 교과의 내용 체계와 단원 구성, 각 단원에서 다룰 학습 내용을 제시하고 있다. 교육과정이 제시하는 내용을 교과서에 그대로 담아야 하는 것은 아니지만, 국가 교육과정 체제를 택하고 있는 한국의 상황에서 교육과정은 교과서 내용에 절대적 영향을 미친다(김한종, 7쪽).

현행 초등사회과 역사 영역 교과서(이하 초등역사 교과서)는 2007년 개정 교육과정 중 초등사회과 역사 영역(이하 2007 초등역사 교육과정)에 의거하여 편찬된 것이다. 그런데 2009년에 초·중등학교 개정 교육과정 총론이 발표되었고, 이에 맞추어 이후 각론 내용의 개정 작업이 진행되었다.[1] 그 결과 초등역사 교육과정의 경우만을 따로 살펴본다면 2011년에 역사과 부분 개정 교육과정 초등영역(이하 2009 초등역사 교육 과정)이 고시되었다. 2009 초등역사 교육과정에 의거한 교과서는 2013년 현재 개발 과정에 있으며, 2014년에 배포하여 사용할 예정이다.

2007 초등역사 교육과정과 2009 초등역사 교육과정을 비교해서 살펴보면, 우선 내용 체계의 기본 골격은 두 교육과정이 거의 동일하게 고대사에서 대한민국사까지 통사적 체계를 기본으로 삼고 있다. 다만 기존의 2007 초등역사 교육과정에 의해 편찬된 사회과 교과서(5학년 1, 2학기)가 학습 분량이 너무 많아 이를 줄이면서 정치사적 맥락의 바탕 위에 생활사·인물사 중심의 교육과정으로 편성했다고 한다(역사교육과정개발정책연구위원회, 16~17쪽). 하지만 정작 2009 초등역사 교육과정이 내용 요소나 학습량을 줄일 수 있는 교과서가 편찬되도록 구성되었는지에 대해서는 회의적이다.

따라서 이 글에서는 2009 초등역사 교육과정을 검토하는 데 초점을 맞출 것이다. 2009 초등역사 교육과정을 검토 대상으로 삼은 이유는 현재 진행 중인 초등한국사 교과서 편찬에 이 글이 참고가 되기를 바라는 마음에서다.

2009 초등역사 교육과정을 검토할 때 2007년 개정 교육과정에 의거하여 편찬된 현행 초등역사 교과서의 서술 내용을 필요에 따라 함께 검토하고자 한다. 현행 초등역사 교과서의 서술 내용이나 서술 방식을 함께 살펴보는 이유는 현재 편찬되고 있는 새 초등역사 교과서의 서술에서도 현행 교과서에서 나타나는 문제점들이 다시 반복될 가능

---

1 2007 개정 교육과정 이후 역사 교육과정의 개정 과정에 대해서는 김한종(2011, 10~22쪽)을 참조.

성을 배제할 수 없기 때문이다. 다만 이 글에서 검토하는 부분은 제한된 범위에 그칠 것이다. 교과서의 서술 내용이나 구체적인 서술의 오류나 문제점에 대해서는 이미 여러 논문에서 상세하게 검토했기에,[2] 이 글에서 이 부분을 새삼 시시콜콜 지적하지는 않겠다. 물론 필자가 볼 때 이들 논문에서도 다루지 않아 추가 검토할 부분이 적지 않지만, 그 분량이 만만치 않다. 따라서 2011년 초등역사 교육과정을 검토하는 과정에서 관련된 현행 교과서의 서술 내용을 사례를 중심으로 검토하겠다.

2. '2007 초등역사 교육과정'과 '2009 초등역사 교육과정' 비교

이 글에서는 먼저 '2007 초등역사 교육과정'과 '2009 초등역사 교육과정' 중에서 초등 부분을 비교하여 변화된 부분을 살펴보도록 하겠다.[3] 두 교육과정을 〈표 1〉로 만들었다.

두 교육과정을 비교하면 대략 다음과 같은 부분에서 변화가 보이고 있다.

---

2 2007년 개정 교육과정에 의거하여 2010년, 2011년에 발간된 현행 초등역사 교과서(사회과 교과서 5-1, 2)의 내용 서술에 대한 검토는 임기환(2011), 전혁진·우인수(2011), 강선주(2011a; 2011b), 김현애(2012), 방지원(2012), 최병택(2012) 등을 참고할 수 있다. 그리고 현행 초등역사 교과서 서술의 전반적인 검토는 2012년 8월 21일에 연세대학교 역사문화학과에서 '초등역사 교과서의 서술과 한국사 능력 검정시험'이라는 주제로 학술회의를 진행한 바 있다.

3 이 글에서 검토하는 2009 초등역사 교육과정은 교육과학기술부 고시 제2011-361호 [별책 7] 사회과 교육과정에 의거하였다.

표 1 '2007 초등역사 교육과정'과 '2009 초등역사 교육과정' 비교

2007 초등역사 교육과정	2009 초등역사 교육과정
(1) 하나 된 겨레 선사시대에서 고조선 건국에 이르는 과정, 삼국의 성립과 발전, 통일신라와 발해의 역사를 생활과 문화를 중심으로 이해한다. 선사시대 인류의 생활모습과 고조선이 성립된 이후의 변화를 파악한다. 역사 이야기와 인물, 유물과 유적을 통해 삼국과 통일신라 및 발해의 생활모습과 문화를 이해한다. ① 선사시대 유물과 유적을 통해 당시 사람들의 생활모습을 파악한다. ② 고조선이 우리 겨레가 세운 첫 국가임을 알고 당시의 생활모습을 이해한다. ③ 삼국의 발전 과정 및 상호 경쟁을 그림, 지도, 연표로 표현한다. ④ 유물과 유적, 역사 인물 이야기를 통해 삼국의 생활모습을 이해한다. ⑤ 인물의 활동을 중심으로 삼국 통일과 발해의 건국 과정을 파악한다. ⑥ 통일신라와 발해의 인물들, 유물과 유적을 통해 여러 신분의 생활모습을 이해한다.	(1) 우리 역사의 시작과 발전 선사시대의 생활과 문화를 파악하고, 고조선 성립의 의미를 이해한다. 고구려·백제·신라, 통일신라와 발해의 역사와 문화를 인물 이야기 및 유물과 유적을 중심으로 파악한다. ① 선사시대 사람들의 생활모습을 대표적인 유물과 유적을 통해 파악한다. ② 단군의 건국 이야기를 알고, 고조선이 우리 역사상 최초의 국가임을 이해한다. ③ 역사 지도와 인물 이야기를 통해 고구려, 백제, 신라의 발전 과정을 파악한다. ④ 선덕여왕, 김춘추, 김유신, 계백, 을지문덕, 대조영 등을 중심으로 삼국의 통일 과정과 발해의 건국을 이해한다. ⑤ 유물과 유적을 통해 삼국, 통일신라와 발해 시기의 사람들의 생활모습을 파악한다.
(2) 다양한 문화가 발전한 고려 고려 시기의 역사를 당시 조상의 생활모습과 문화, 그리고 인물을 중심으로 파악한다. 고려 시기는 외세의 침략으로 여러 차례 전쟁을 벌이면서도 불교와 유교 등 주변 문화를 적극적으로 수용하여 다채로운 생활과 문화를 발전시켰음을 이해한다. ① 고려의 후삼국 통일 과정을 견훤, 궁예, 왕건 등의 인물을 통해 파악한다. ② 고려 시기 왕과 귀족, 백성들의 생활모습을 탐구하고 비교한다.	(2) 세계와 활발하게 교류한 고려 고려 시기의 역사를 인물의 활동을 중심으로 파악한다. 여러 차례의 외침을 극복하고 주변 국가와 활발히 교류한 고려의 문화유산과 생활모습을 이해한다. ① 고려의 성립 과정을 견훤, 궁예, 왕건 등의 활동을 통해 파악한다. ② 외적의 침략과 이를 극복해가는 과정을 조사한다. ③ 주변 국가와 활발한 교역 및 문화 교류가 이루어졌음을 사례를 통해 이해

2007 초등역사 교육과정	2009 초등역사 교육과정
③ 고려 시기 불교가 사람들의 생활모습에 미친 영향을 이해한다. ④ 고려 시기에 거란, 몽골의 침략과 이를 극복하기 위한 조상들의 노력을 조사한다. ⑤ 금속활자, 청자, 팔만대장경 등 고려 시기의 대표적인 문화재를 통해 고려 시기 과학과 문화를 탐구한다. ⑥ 생활을 개선하고 문화를 발전시키려 노력했던 고려 시기의 인물을 조사한다.	한다. ④ 금속활자, 청자, 팔만대장경, 불교 미술 등을 통해 고려 시기의 과학과 생활, 문화를 파악한다.
(3) 유교 전통이 자리 잡은 조선 조선 전기의 역사를 우리 조상의 생활과 문화를 중심으로 이해한다. 조선 전기를 유교와 그 속에서 전개된 우리 조상의 삶, 문화, 인물 등을 통해 파악한다. 특히 세종 시기 전후의 문화 융성기에 문화 발전을 위해 노력하였던 조상의 모습과 우리 문화의 여러 모습을 확인한다. 이러한 문화를 바탕으로 형성된 민족자존의 정신이 양 난 극복의 원동력이 되었음을 이해한다. ① 도성과 궁궐 건축을 통해 조선이 유교 국가를 지향하였음을 파악한다. ② 세종대에 이룩한 문화·과학 분야의 성과를 탐구한다. ③ 여러 신분의 생활모습을 통해 유교적 전통이 어떻게 자리 잡아 나가게 되었는지를 탐구한다. ④ 조선 시기 사람들의 생활과 놀이 가운데 현재 남아 있는 사례를 조사한다. ⑤ 인물이나 유적을 통해 임진왜란과 병자호란의 극복 과정을 파악한다. ⑥ 생활을 개선하고 문화를 발전시키려 했던 조선 전기의 인물을 조사한다.	**(3) 유교 문화가 발달한 조선** 조선의 건국과 발전 과정을 인물 이야기를 중심으로 이해하고 이 시기에 유교적 질서가 정착되었음을 사회 및 생활상을 통해 파악한다. 특히 세종대에 이루어진 다양한 분야의 발전을 인물과 그 업적을 중심으로 이해한다. ① 조선의 건국 과정을 이성계, 정몽주, 정도전 등을 중심으로 이해한다. ② 세종대에 이루어진 대외 관계와 문화, 과학 분야의 여러 성과를 탐구한다. ③ 유교적 신분질서 아래 양반과 중인, 상민, 천민의 생활모습을 파악한다. ④ 이순신과 남한산성 등 대표적인 인물과 유적을 통해 임진왜란과 병자호란의 극복 과정을 조사한다.

2007 초등역사 교육과정	2009 초등역사 교육과정
(4) 조선 사회의 새로운 움직임 양 난 이후 달라진 생활모습과 새롭게 등장한 문화 요소들을 파악한다. 인물, 문학과 예술, 대표적인 문화재를 중심으로 조선 후기 사회의 변화를 탐구한다. 실학이 대두하고 서양 종교와 학문이 소개되면서 유교 중심의 문화가 변화하였음을 이해한다. ① 영조·정조 시기에 문화가 크게 발달하였음을 사례를 들어 설명한다. ② 풍속화, 민화, 서민 문학을 통해 조선 전기와 달라진 새로운 생활모습을 탐구한다. ③ 도자기와 칠기 등 조선 후기에 사용된 생활용품을 조사하여 그 속에 담긴 조상의 지혜를 확인한다. ④ 서양에서 전래된 문물을 조사하고, 서양 학문과 천주교가 조선 사회에 미친 영향을 이해한다. ⑤ 실학자와 농민 봉기 지도자를 사례로 사회 변화를 위한 조상의 노력을 알아본다. ⑥ 조선 시기 여성의 생활과 사회적 지위 변화를 파악하고, 생활을 개선하고자 했던 여성의 노력을 이해한다.	**(4) 조선 사회의 새로운 움직임** 조선 후기에 전란의 어려움을 극복하고 국토를 지키려고 한 노력을 이해하고, 새롭게 소개되거나 발생한 문화와 학문이 조선 사회에 미친 영향을 탐구한다. 서민 문화의 모습과 농민 봉기 지도자의 이야기를 통해 농민의 성장이 이루어졌음을 이해한다. ① 허준, 효종, 안용복 등 인물 이야기를 통해 전란의 어려움을 극복하고 국토를 지키기 위한 노력을 이해한다. ② 신사임당, 허난설헌과 김만덕 등 인물 이야기를 중심으로 조선 시기 여성의 사회적 지위와 생활상을 파악한다. ③ 새로운 문물의 전래 모습을 알고 정조의 화성 건설과 정약용의 업적을 탐구한다. ④ 풍속화와 민화 등을 중심으로 서민 문화의 모습을 조사한다. ⑤ 홍경래 등 인물 이야기를 중심으로 농민의 성장과 저항에 대해 이해한다.
(5) 새로운 문물의 수용과 민족운동 개항 이후 전개된 근대화운동, 대한제국의 수립, 일제강점기에 전개된 독립운동을 살펴본다. 근대 문명의 수용과 더불어 변화하는 사회의 모습과 조상의 일상생활을 역사적 사건, 인물 등과 연계하여 이해한다. 나아가 일제의 가혹한 지배 정책하에서도 생활 개선을 위해 벌였던 조상의 노력을 이해한다. ① 개항 전후 시기부터 일제강점기까지 외세의 침략 과정과 그에 대한 조상의 대응을 파악한다.	**(5) 근대국가 수립을 위한 노력과 민족운동** 개항 이후 해방 전까지 근대국가를 수립하려 했던 노력과 일제의 침략에 맞선 여러 방면의 민족 독립운동을 사건과 인물을 중심으로 파악한다. 근대 문물의 수용에 따른 일상생활의 변화 양상을 살펴본다. ① 외세의 침략을 막으려 한 노력을 대표적인 사건과 유적지를 중심으로 이해한다. ② 의병과 독립협회 및 대한제국의 구국을 위한 노력을 인물의 활동을 중심으

2007 초등역사 교육과정	2009 초등역사 교육과정
② 대표적인 인물을 통해서 근대국가를 세우기 위해 전개한 노력과 대한제국의 수립 과정을 파악한다. ③ 근대 문명의 수용이 가져온 일상생활의 변화 모습을 조사한다. ④ 대표적인 인물을 중심으로 여러 갈래로 이루어진 독립운동의 전개 과정을 이해한다. ⑤ 일제의 수탈과 근대 문물의 확산이 생활문화에 미친 영향을 추론한다. ⑥ 일제강점기에 역사, 문학, 예술 등의 분야에서 활동한 인물들의 활동을 조사한다.	로 파악한다. ③ 주요 인물 이야기를 통해 3·1 운동과 대한민국 임시정부, 독립군의 전투 등 일제강점기에 국내외에서 전개된 민족 독립운동을 탐구한다. ④ 구체적인 사례를 통해 근대 문물 수용 이후 사회와 문화의 변화 양상과 달라진 일상생활의 모습을 조사한다.
(6) 대한민국의 발전과 오늘의 우리 8·15 광복에서 현재까지 대한민국의 변화와 발전 과정을 살펴본다. 8·15 광복 이후 우리 민족이 분단과 전쟁 등 수많은 시련을 극복하면서 오늘의 대한민국을 건설해온 과정을 인물과 사건을 통해 확인한다. 조상의 지난한 노력의 결과 민주화와 경제 발전, 문화 성장이 가능하였음을 이해한다. 경제 성장의 토대 위에서 민주주의를 더욱 신장시키고 평화 통일이 실현되는 미래를 만들기 위해 우리가 할 수 있는 일을 찾아본다. ① 광복과 대한민국 정부 수립, 분단과 6·25 전쟁으로 이어지는 과정을 살펴본다. ② 민주화와 경제 발전 과정을 살펴보고, 그것이 가져온 생활문화의 변화를 탐구한다. ③ 정치, 경제, 사회, 문화의 발전에 중요한 역할을 한 인물들의 삶을 조사한다. ④ 대한민국의 발전, 평화 통일, 인류 문화의 향상을 위해 우리 각자가 할 수 있는 일들을 알아본다.	(6) 대한민국의 발전과 오늘의 우리 8·15 광복에서 현재까지 분단과 전쟁 등 시련을 극복하면서 오늘의 대한민국을 건설해온 과정을 시각 자료를 통해 확인한다. 국민들의 끊임없는 노력으로 민주화와 경제 발전, 문화 성장이 가능하였음을 이해하고, 이를 긍지로 삼아 대한민국의 발전을 위해 노력하는 자세를 가진다. ① 인물의 활동을 중심으로 광복에서 대한민국 정부 수립까지의 과정을 파악한다. ② 시각 자료와 유물을 통해 6·25 전쟁의 원인과 과정 및 피해상을 살펴보고, 대한민국에 미친 영향을 탐구한다. ③ 주요 사건에 대한 시각 자료를 중심으로 국민들의 자유민주주의를 위한 노력을 이해한다. ④ 사례를 통해 산업화와 경제 발전의 성과를 살펴보고, 그에 따른 사회 변화와 과제를 파악한다. ⑤ 대한민국의 미래와 평화 통일을 위해 할 수 있는 일들을 알아본다.

첫째, 일부 대단원의 명칭과 주제가 바뀌었다. 제1대단원은 '하나 된 겨레'에서 '우리 역사의 시작과 발전'으로, 제2대단원은 '다양한 문화가 발전한 고려'에서 '세계와 활발하게 교류한 고려'로, 제5단원은 '새로운 문물의 수용과 민족운동'에서 '근대국가 수립을 위한 노력과 민족운동'으로 바뀌었다. 나머지 대단원에서도 일부 변화된 면이 있으나 그전과 큰 차이는 없는 수준이다.

제1대단원이 '하나 된 겨레'에서 '우리 역사의 시작과 발전'으로 바뀐 것은 하부 성취 기준의 변화와 관계없이 일단 주제의식의 측면에서도 일정한 변화를 보인 것이라고 평가할 수 있다. 왜냐하면 '하나 된 겨레'는 민족의 형성이라는 측면을 크게 강조하는 데 비해, '우리 역사의 시작과 발전'이라는 대단원명은 역사의 첫 단계라는 측면이 부각되기 때문이다.

다만 두 교육과정이 모두 선사와 고대 시기를 하나의 대단원 아래에 편제한 것은 역사 발전에 대한 체계적 인식에 오해를 불러일으킬 수 있다는 점을 지적하고자 한다. 일반적으로 통용되는 시대 구분에서 선사시대 혹은 원시시대는 국가 성립 이후를 서술하는 고대사 영역과는 엄연히 구분되는 시대다. 따라서 전혀 다른 사회 성격을 갖는 선사시대를 고대사 서술의 전사(前史)로서 삽입하는 두 교육과정의 구성은 역사 인식의 체계성에 혼란을 줄 우려가 있다. 즉 주민의 구성이나 사회 구성의 연계성에 대한 별다른 설명 없이, 구석기-신석기-청동기 시대라는 선사시대와 고대 시기를 통합하여 하나의 대단원으로 구성함으로써, 현행의 '민족사' 체계 아래에서는 한민족이 구석기시대부터 형성되었다는 오해를 불러일으킬 수 있기 때문이다. 선사시대는 분량과 관계없이 고대사와 분리하여 별도의 대단원으로 서술해야 역사 발전의 체계성을 확보할 수 있다고 본다. 초등이든 중·고등이든 역사 교육의 중요한 목표의 하나가 역사 발전에 대한 체계적 인식이라는 점을 결코 간과할 수 없다고 생각한다.

또한 다른 대단원이 나름대로 각 시기의 역사적 성격이나 특징을 부각하는 제목과 주제를 제시하고 있음에 비해, '우리 역사의 시작과 발전'이라는 제1대단원의 제목에서는 선사 혹은 고대 시기의 성격이 잘 드러나지 않는다. 이는 선사와 고대를 통합하여 하나의 단원으로 구성한 결과다. 물론 역사의 시작이라는 점이 선사 혹은 고대 시기가 갖는 주요한 역사적 의미임도 분명하지만, 시대적 성격을 좀 더 부각하지 못했다는 점에서 아쉬움이 있다. 물론 선사 혹은 고대라는 시대적 특성을 무엇으로 볼 것인가 하는 점은 논란이 있겠지만, 국가라는 정치체의 등장, 그리고 삼국과 남북국처럼 다수의 국가체가 병립하고 있다는 점이 하나의 특징이라고 본다면, 이런 내용을 함축하는 대단원 제목이 제시되어야 바람직하다고 생각한다.

제2대단원이 '다양한 문화가 발전한 고려'에서 '세계와 활발하게 교류한 고려'로 바뀐 것은 주제의식의 큰 변화로 보인다. 2007 초등역사 교육과정에서 '다양한 문화'라는 대단원명에 걸맞은 하위 성취 기준이 제시되지 않았기 때문에, 실제 교과서의 서술은 제목처럼 다양한 문화의 양상을 드러내는 내용을 갖추었다고 평가하기는 어렵다. 반면 2009 초등역사 교육과정에서는 대단원명과 밀접하게 관련된 하위 성취 기준이 일부 제시되어 있다. 물론 '다양한 문화'보다 '세계와 교류'라는 주제가 고려의 역사상을 이해하는 데 더 효과적인지는 판단하기 어렵지만, 자국사와 민족사 중심의 현행 초등역사 교육과정 체계 중에서 주변 세계와의 교류라는 특성을 부각하고 있는 제2대단원은 나름대로 의미 있는 변화라고 평가할 수 있다.

제5단원은 '새로운 문물의 수용과 민족운동'에서 '근대국가 수립을 위한 노력과 민족운동'으로 바뀌었다. '근대국가 수립'이라는 점을 부각했다는 점에서 단순히 '새로운 문물의 수용'으로 제시된 2007 초등 역사 교육과정보다는 정치사적 맥락이 더 강조되고 있다. 물론 이는 국가사 맥락의 부각이라는 점에서 부정적인 면이 없지 않지만(방지원, 2011, 24쪽), 근대라는 시기의 성격을 단지 '새로운 문물의 수용'으로 파악하기보다는 '근대국가'라는 개념을 제시한 것은 역사의 맥락적 이해 라는 측면에서 볼 때 오히려 타당한 면이 있다고 생각한다. 다만 이러한 타당한 측면과 관계없이 국가사의 부각이, 전반적으로 생활사의 축소라는 2009 초등역사 교육과정의 흐름과 궤를 같이하고 있다는 앞의 지적은 유의할 필요가 있다. 즉 근대국가의 수립을 위한 역사적 전개와 더불어 근대 의식이나 근대 주체의 형성을 용이하게 드러낼 수 있는 근대 문물의 수용 양상에 대해서도 무게를 두고 서술할 필요가 있다.

둘째, 2009 초등역사 교육과정에서는 전체적으로 인물 중심의 서술 을 강조한 것이 두드러진 변화의 특징이다. 2007 초등역사 교육과정 에서도 역사 교육 목표의 계열화에 따라 초등역사 교육에서 생활사, 인물사 중심의 내용 구성을 추구하고 있다.[4] 그러나 실제로는 각 시대 를 단계별로 설정할 수 있는 정치사의 기술이 기본 바탕에 깔려 있지 않으면, 생활상이나 인물 등에 대한 기술이 불가능한 형태로 구성되어 있다. 이 점에서 2007 초등역사 교육과정이 분명한 목적의식 없이, 무엇보다 실제로 구성될 교과서에 대한 구체적인 전망 없이 작성되었음을 짐작할 수 있다. 이는 2009 초등역사 교육과정에서도 마찬가지 다. 다만 성취 기준에서 인물 중심으로 파악한다는 점을 크게 강조하

---

4   제3차 교육과정 이래 국가 교육과정은 초등학교에서는 생활사, 중학교에서는 정 치사, 고등학교에서는 문화사 중심이라는 방안을 근간으로 삼아왔다.

고, 좀 더 다루어야 할 다수의 인물을 구체적으로 제시하고 있다는 점이 특징이다. 이는 교육과정의 대강화라는 방향과도 어긋나며, 제시된 인물이 과연 적절하게 선정되었는가 하는 점도 면밀하게 검토할 필요가 있다. 이에 대해서는 아래에서 별도로 검토하겠다.

셋째, 2009 초등역사 교육과정에 의거할 경우 실제로 교과서 편찬 과정에서 생활사 서술이 축소될 가능성이 크다는 점(방지원, 2011, 22~23쪽)을 지적할 수 있다. 특히 성취 기준의 제시에서 이런 면이 두드러지게 나타난다. 제1대단원에서는 2007 초등역사 교육과정에서 제시된 삼국과 통일신라, 발해의 생활사 관련 성취 기준이 2009 초등역사 교육과정에서는 하나의 성취 기준으로 통합되었고, 제2대단원인 고려시대의 경우에는 2007 초등역사 교육과정에는 3개의 성취 기준이 생활사 관련임에 비하여, 2009 초등역사 교육과정에는 생활사 관련 성취 기준이 별도로 제시되지 않았다. 나머지 대단원에서도 2009 초등역사 교육과정은 전체적으로 생활사 관련 성취 기준이 축소되었다. 예를 들어 제3대단원 조선 전기의 경우에는 신분과 관련된 생활모습, 제4대단원 조선 후기에는 서민 문화의 모습 정도로 축소되어 성취 기준이 제시되었다. 제5대단원도 2개의 성취 기준이 하나로 통합되었고, 제6대단원에서는 성취 기준이 아예 제시되지 않았다.

이와 같이 2009 초등역사 교육과정에서는 성취 기준의 제시에서 생활사 관련 항목이 통합, 축소되거나 아예 제시되지 않은 경우가 전체 대단원에 걸쳐 전반적으로 나타나고 있다. 이러한 결과는 2009 초등역사 교육과정에서 성취 기준의 양을 축소하려는 개정의 방향과 관련된 듯하다. 물론 성취 기준의 제시에서 항목의 통합과 축소가 반드시 교과서 편찬 과정에서 생활사 관련 서술의 축소를 의미하는 것은 아니다. 하지만 그동안 교과서 편찬의 관행을 보면 교육과정의 성취 기준이 중단원의 설정에 큰 영향을 주었음을 고려하면, 현재 편찬되는 초등 역사 교과서에서 생활사 관련 서술 분량이 축소될 가능성이 높다고 생각한다. 단지 서술 분량의 문제만이 아니라, 2009 초등역사 교육과정의 구성에서 정치사 중심의 맥락이 좀 더 부각됨에 따라 생활사 서술의 방향이 바뀔 가능성도 배제할 수 없다. 전체적으로 2007 개정 교육과정의 주요한 특징의 하나라고 평가되는 생활사에 대한 문제의식이 희석되거나 맥락이 달라졌음(방지원, 2011, 22쪽)을 확인할 수 있다.

넷째, 앞의 검토에서 살펴보았듯이 2009 초등역사 교육과정에서는 정치사 영역에서 인물 중심의 서술이 강조되고 있고, 아울러 생활사 영역의 통합 또는 축소로 인해 전체적으로 국가와 민족 중심의 역사적 맥락이 강조될 가능성이 커졌다고 판단된다. 역사 교육에서 국가사, 민족사 서술은 거대 담론 중심의 역사 연구 방향에서 비롯된 것이라기보다는, 학교에서의 '국민 교육', 즉 '국민 만들기'라는 교육 목표와 더 밀접하게 결합되어 있다. 이는 국가가 관리하는 교육과정의 태생적 성격이라고 할 수 있겠다. 국가사와 민족사는 비록 일정한 한계를 가진다고 하더라도 근대 역사학의 주요한 역사 연구의 한 영역으로 그 범주가 당연히 확보되어야 한다. 그러나 역사 교육에서 국가사와 민족사 중심의 인식 체계는 특히 '국민 교육'과 결합할 경우 역사 인식의 축소와 편향성을 초래할 가능성이 높기 때문에 깊이 유의해야 할 점이다. 이에 대해서도 아래에서 다시 검토하도록 한다.

이제 앞에서 지적한 내용을 중심으로 2009 초등역사 교육과정에 의거하여 편찬될 교과서 기술상의 특징이나 예상되는 문제점 등을 짚어보도록 하겠다.[5]

5　필자는 2009 초등역사 교육과정의 고대사 영역에 대해 검토한 바 있다(임기환,

3. 인물 중심 서술의 문제점

앞서 2009 초등역사 교육과정에서는 인물 중심의 서술이 강조되고, 특히 성취 기준에서 특정 인물이 다수 제시되었음을 지적하였다. 6차 교육과정 이래 인물 중심의 서술이 강조된 것은 초등학생의 역사 인식 수준에 적합한 방식이라는 통념에 의거한 결과라고 생각한다. 그런데 한국의 역사 교육에서 이러한 통념이 매우 유효하다는 검증은 그다지 이루어지지 않은 듯하다.[6] 인물을 중심으로 하는 역사 서술은 구체적인 사실을 드러낼 수 있다는 점, 초등학생에게 쉽게 다가갈 수 있는 내러티브 서술이 가능하다는 점, 초등학생 개인과 역사적 인물 사이에 동기화가 쉽다는 점 등에서 유효한 측면이 적지 않을 것이다. 그러나 이러한 결과는 매우 구체적이고 상세한 서술이 이루어질 때에 가능하다. 교과서라는 극히 제한된 지면에서는 생동감 있는 인물의 묘사가 불가능하기 때문에, 특정 인물의 특정 이미지와 성격만이 부각될 가능성이 높다. 설령 특정 인물에 대한 구체적인 서술이 이루어진다고 하더라도, 이를 통해 그 인물이 살던 시대적 배경이나 그 인물의 활동 배경을 드러내는 데에는 한계가 있을 것이다.

구체적으로 몇 가지 예를 들어 교육과정에서 제시된 성취 기준에서 가능한 서술의 방향을 구성해보면서 예상되는 문제점을 지적해본다.

○ 역사 지도와 인물 이야기를 통해 고구려, 백제, 신라의 발전 과정을 파악한다.

2013, 153~201쪽). 아래의 서술 중 고대사 영역에 대한 기술은 위 논문의 내용을 보완 서술하였는데, 그 전거를 일일이 밝히지 않겠다.

6　그런 점에서 강선주의 연구(2011a; 2011b)는 주목할 만하다.

삼국시대 역사상을 인물 중심으로 서술할 때 주몽, 온조, 박혁거세 등 건국 시조 이야기가 빠질 수 없을 것이다. 왜냐하면 삼국의 건국에 대한 서술이 당연히 들어갈 것이고, 그렇다면 고조선과 마찬가지로 삼국의 건국을 서술할 때에도 '건국신화'가 주된 내용이 될 것이다. 그런데 건국신화라는 내러티브는 많은 부분 역사적 사실과 거리가 멀다. 따라서 과연 건국시조를 통해 고대국가의 성립이라는 역사상을 보여줄 수 있을지 의문이 든다. 결과적으로는 단지 건국설화를 제시하는 데 그치고 말 가능성이 높다.

현행 교과서에서도 건국신화를 통해 삼국의 건국 상황을 기술하고 있는데, 단지 내러티브로서 건국설화를 간략하게 기술하는 데 그친 점이 좋은 사례가 될 것이다(교육과학기술부, 《사회 5-1》, 27~28쪽). 초등 역사 교육에서도 건국시조에 대한 이야기를 넘어서서, 건국설화는 단지 설화일 뿐이고 그 속에 담긴 실제의 역사상이 무엇인지를 탐색하는 과정 역시 중요한 역사 교육의 일부다. 그런데 서술의 초점이 건국시조에 맞추어질 경우 국가의 성립이라는 역사상이 소홀하게 다루어질 가능성이 높다. 그렇게 되면 건국시조를 중심으로 건국 과정을 파악하려는 의도가 제대로 드러나지 못할 것이다.

또한 인물을 통해 삼국 역사의 전개 과정을 보여주고자 한다면 주로 정치적 인물, 특히 국왕에 초점을 맞추게 될 것이라는 점은 현행 초등 역사 교과서의 서술 사례를 통해서도 충분히 예상할 수 있다. 예컨대 고구려의 광개토왕과 장수왕, 백제의 근초고왕과 성왕, 신라의 진흥왕 등이 당연히 서술에 포함될 것이다. 더욱이 성취 기준에 따라 영역의 확장을 보여주는 역사 지도와 결합하여 삼국의 발전을 기술한다면 충분히 예상할 수 있는 측면이다. 그런데 자료의 한계로 이들 정복군주에 대한 구체적인 인물사 서술이 어렵기 때문에 결국 영역의 확장이라는 이들 국왕의 성취에 초점이 맞추어질 가능성이 높다. 그렇게 되면 고대국가의 정복 활동이 갖는 역사적 성격에 대한 서술 등은 자연스레 묻힐 것이다.

이처럼 인물, 특히 정치적 인물을 중심으로 삼국의 건국과 발전을 기술할 경우에는 건국시조-정복군주의 맥락으로 교과서 서술이 이루어질 것이고, 이는 현행 초등역사 교과서 서술에 그대로 나타나고 있다. 다만 현행 교과서에서 삼국의 발전상에 대한 서술은 어느 왕대에 어떤 역사적 사건이 있었다는 식으로 서술하고 있어, 엄격하게 말하자면 인물 중심으로 역사상을 서술하는 방식이라고 보기도 어렵다. 이러한 사례는 교육과정의 의도와 달리 인물을 중심으로 역사상을 드러내는 서술이 결코 쉽지 않음을 보여준다.

ㅇ선덕왕, 김춘추, 김유신, 계백, 을지문덕, 대조영 등을 중심으로 삼국의 통일 과정과 발해의 건국을 이해한다.

위 인물들이 삼국의 통일 과정을 이해하는 데 적합한지와는 별개로 과연 인물들의 행적을 통해 삼국의 통일 과정을 어떻게 구성할 수 있으며, 그러한 구성이 타당한지 의문을 갖게 된다. 현행 교과서에서도 삼국 통일과 발해 건국에 대한 서술에서 을지문덕, 계백, 김유신, 김춘추, 연개소문, 대조영 등이 언급되고 있다. 다만 인물 중심의 서술이 아니라 역사적 사실을 기술하면서 관련된 인물을 언급하는 서술에 그치고 있다.[7]

---

[7] 현행 《사회과탐구 5-1》 교과서에서는 김유신과 김춘추를 좀 더 구체적으로 다루고 있지만, 두 인물의 행적을 간략하게 소개하는 서술에 그치고 있다.

그러면 위 성취 기준대로 거론된 인물들의 행적을 통해 어떠한 역사상이 구성될 수 있을지 예상해보자. 아마도 김춘추를 통해 나당 군사동맹을 설명할 수 있으며, 김유신이나 계백을 통해 황산벌 전투와 백제 멸망 과정을 재구성할 수 있고, 을지문덕의 행적으로 고구려와 수의 전쟁 및 살수대첩 정도를 서술할 수 있을 것이다. 즉 이들 인물을 통해 각각 구성한 내용으로 과연 삼국의 통일 과정이 종합적으로 서술될 수 있을지 회의가 든다.

이와 같이 예상되는 교과서 서술은 결국 인물을 통해 사건과 역사상을 서술한다기보다는, 사건의 주인공으로 인물을 부각하는 서술로 귀결될 가능성이 높다. 즉 인물의 영웅적인 이미지만 남을 뿐이다. 김춘추가 나당 군사동맹을 맺었다는 서술이 아니라, 어떠한 국제 배경과 역학관계에서 나당동맹이 맺어졌는지에 대한 서술이 과연 가능할까? 계백이란 인물을 통해서도 계백의 충절과 용기가 아니라 백제가 왜 멸망했는지에 대한 서술이 가능할까? 이러한 의문에 대해 적절하게 답하는 서술이 불가능하다면, 인물을 중심으로 역사상을 서술한다는 성취 기준의 제시는 처음부터 잘못된 방향을 설정했다고 지적할 수밖에 없다. 아래의 경우도 마찬가지다.

○ 고려의 성립 과정을 견훤, 궁예, 왕건 등의 활동을 통해 파악한다.
○ 조선의 건국 과정을 이성계, 정몽주, 정도전 등을 중심으로 이해한다.

이 두 성취 기준의 목표는 고려와 조선이라는 새로운 왕조의 건국 과정을 이해하는 것이다. 두 성취 기준은 앞의 경우와 달리 제시된 인물들의 활동을 비교함으로써 왕조 개창이라는 결과가 갖는 역사적 정당성을 드러내는 방식으로 서술될 가능성이 높다. 특히 고려 건국의 서술은 승자와 패자가 극명하게 대비될 것으로 예상된다. 조선 건국의 경우도 건국을 둘러싼 입장 차이를 부각하는 방향이 될 것이다. 그런데 '건국 과정을 이해한다'는 성취 기준을 접어둔다면, 이 시기 역사에 대해 얼마든지 다양한 접근이 가능할 수 있다. 예를 들어 정몽주와 정도전은 왜 같은 상황에서 다른 선택을 하였는지에 초점을 맞출 수도 있다. 어쩌면 이런 주제의식이 인물 중심의 서술이 갖는 더 유효하고 중요한 역사 교육의 목표가 될 수도 있다.

초등역사 교과서에서 인물을 중심으로 한 서술이나 역사 교육의 방향이 잘못되었다는 뜻이 아니라, 교과서 편찬을 전제로 하는 교육과정이 애초 의도했던 목표에 도달하기 어려운 성취 기준을 제시함이 잘못이라는 뜻이다. 그렇다면 성취 기준에서 '삼국의 통일 과정에서 활동한 인물들에 대해 알아본다' 정도가 그나마 성취 가능한 제시가 아닐까 생각한다. 그러나 이런 식의 성취 기준의 제시는 통사적 구성을 갖는 2009 초등역사 교육과정에 맞지 않는다는 문제점이 드러난다.

그러한 사례를 현행 초등역사 교과서에서도 찾아볼 수 있다. 고려의 건국에서 궁예, 왕건, 견훤 등이 부각되고 있고, 현행《사회과탐구 5-1》에서는 후삼국의 성립과 통일에 관한 역사 인물 탐구 활동이 제시되고 있다. 다만 그 내용은 주로 건국이나 후삼국 통일에 관련한 행적에 그치고 있다. 조선 건국의 경우에는《사회 5-1》교과서에서는 이성계만 언급하고 있지만,《사회과탐구 5-1》에서는 '최영과 이성계의 대화', '정몽주와 이방원의 만남'이라는 주제에 따른 활동을 제시하고 있다. 사회 교과서보다는 좀 더 인물에 접근할 수 있는 길을 열어놓았지만, 마찬가지로 조선 건국 과정에 초점을 맞추고 있다. 이와 같이 고려 건국이나 조선 건국 과정을 인물을 통해 이해하도록 구성되어 있지만, 주된 목표가 정치사의 내용 파악이기 때문에, 인물 개개인에 대한 생동감 있는 서술을 하기가 어렵다.

o 신사임당, 허난설헌과 김만덕 등 인물 이야기를 중심으로 조선 시기 여
  성의 사회적 지위와 생활상을 파악한다.

이 성취 기준에서 의도하는 바는 조선시기 여성의 사회 활동이 매
우 제한되어 있던 역사상을 서술하는 측면일 것이다. 그런데 이를 위
해 제시된 인물인 신사임당, 허난설헌, 김만덕은 그러한 사회적 한계
를 보여주는 측면도 있지만, 한편으로는 그러한 한계에도 불구하고 나
름대로 일정한 문화적, 사회적 성취를 이룬 인물이라는 점을 고려하면
서술의 방향에 따라서는 성취 기준의 의도와 다른 결과가 나타날 수도
있다. 대표적인 사례가 현행 교과서의 서술 방식이다.

현행 《사회 5-1》에서는 '역사 속 여성'이라는 상자글을 통해 허난설
헌, 김만덕 두 인물을 제시하고 있다. 그러나 제시된 허난설헌, 김만덕
의 모습은 본문에서 서술하는 조선시대 여성의 사회적 지위와는 일정
한 거리가 있는 사례다. 특히 김만덕에 대한 서술을 보면, 여성의 사회
적 지위가 제한된 상황에서 김만덕이 어떻게 부를 축적하고 빈민을 구
제하는 역할을 할 수 있었는지에 대한 설명 없이, 단지 훌륭한 여성 인
물이라는 예로 제시되고 있다. 본문의 서술 내용과 대표적인 인물로
제시된 허난설헌, 김만덕이란 인물 사이에 유기적인 상관관계가 설정
되어 있지 않아 학생들이 조선시대 여성의 사회적 지위를 이해하는 데
혼란을 줄 가능성이 높다고 생각한다.

위에서 몇 가지 예를 들었는데, 이처럼 인물 중심의 서술과 통사적
구성은 현 교과서 체계로는 양립하기 어렵다고 본다. 인물 중심의 서
술을 강조하지 않거나, 아니면 인물 중심의 서술로 가능한 교육과정의

구성과 목표를 새로 탐색하지 않으면, 이러한 불균형이 앞으로도 계속될 것이다.

초등역사 교육에서 인물사가 갖는 유효성을 인정한다고 하더라도, 초등학생들이 내러티브로 역사적 인물의 행위를 설명할 때 당시의 특정한 역사적 맥락이나 행위를 제한했던 법, 제도, 구조 등을 고려하지 않고 인물의 개인적인 성품이나 선택과 결정이라는 측면에 주목하는 수준에 그치고 있다는 문제점은 이미 지적된 바 있다(강선주, 2011b, 364쪽). 따라서 2009 초등역사 교육과정에서 인물을 활용한 내용 구성을 강조하면서도 교육과정의 목표와 성취 기준 사이에 연관성을 충분히 고려하지 못한 면을 지적하고자 한다.

그리고 성취 기준에서 제시된 인물이 주로 정치사나 국난 극복과 관련되기 때문에, 정치사 중심으로 국가 이야기를 풀어가는 소재가 될 개연성이 커져, 국가나 민족 중심의 서사로 돌아갈 가능성이 높다는 지적(방지원, 2011, 24쪽)도 타당하다고 생각한다.

현행 초등역사 교과서에서도 인물에 대한 서술이 다수 나타나고 있다. 본문에 등장하는 인물은 역사적 사실과 단순하게 결합하여 제시된 수준이지만, 일부 인물은 별도의 상자글 형식으로 좀 더 구체적으로 서술하고 있다. 삼국과 가야의 건국시조, 이차돈, 윤관, 김윤후, 허난설헌과 김만덕, 최제우, 안창호 등이다.[8] 인물 관련 서술은 오히려 《사회과탐구》에서 적지 않은 비중을 차지하는데,[9] 이는 교과서의 본

8　〈삼국과 가야의 건국 이야기〉, 〈이차돈이야기〉, 〈윤관의 별무반과 9성 건설〉, 〈백성과 함께 나라를 지킨 김윤후〉, 〈역사 속의 여성들〉, 〈새로운 종교가 생겨나다(최제우)〉, 〈도산 안창호〉(《사회 5-1》,《사회 5-2》).

9　〈삼국 통일의 기반을 마련한 김유신과 김춘추〉, 〈해상왕 장보고〉, 〈조선의 과학자 장영실과 그의 발명품〉, 〈왕을 대신하여 나라를 보살핀 정의왕후〉, 〈녹두장군 전봉준〉, 〈나라를 되찾기 위한 안중근과 안창호의 노력〉, 〈아우내 장터의 횃불

문 서술에서는 인물에 대한 서술을 강조하기 어려운 측면을 반영한
다.

　이처럼 현행 역사 교과서에서 선정된 인물들의 면면이 충분히 역사
적 의미를 갖는 인물임은 틀림없지만, 대부분 정치적 성격의 인물 위
주로 구성되어 있다는 점은 현행 초등역사 교과서가 실제로 정치사 중
심의 구성에서 벗어나지 못하고 있음을 잘 보여준다. 인물 중심 서술
에서는 특히 역사 교육의 목표에 맞게 시대별, 분야별, 신분별로 다양
한 성격의 인물이 선정될 수 있도록 인물 선정 기준이 마련되어야 할
것이다. 또한 현행 교과서에서는 대체로 각 인물의 행적을 평면적으
로 나열하는 수준의 서술에 그치고 있어, 이들 인물을 통해 시대상으
로 드러내거나 혹은 각 인물이 살던 시대와 인물이 맺고 있는 긴장관
계를 충분히 드러내는 서술은 찾아보기 어렵다. 초등학생에게 의미
있는 인물사 서술의 목표가 무엇인지 불분명하기 때문에 나타난 결과
로 판단된다.

4. 생활사 서술의 축소 및 유적·유물을 통한 생활사 서술의 문제점

　초등역사 교육과정에서 생활사 서술의 목표와 방향, 그리고 교육과
정과 교과서에 나타난 생활사 서술의 문제점에 대해서는 적지 않은 연
구가 이루어졌다.[10] 기왕의 연구로도 논의의 초점은 충분히 부각되었

　유관순), 〈독립군의 두 영웅 홍범도와 김좌진〉(《사회과탐구 5-1》, 《사회과탐구
5-2》).

10　대표적으로 강선주(2005), 방지원(2011), 최병택(2012)의 논문이 있다.

다고 생각하기에, 이 글에서 또 다른 논점을 추가하려는 것은 아니다. 오히려 2009 초등역사 교육과정에서 강조하는 바와 같이 유적과 유물 등 문화유산을 통해 생활사 서술이 가능한지 여부에 논의의 초점을 두고자 한다.

두 교육과정은 각 대단원마다 유적과 유물, 다양한 문화유산을 통해 각 시대나 왕조의 생활모습이나 문화의 양상을 파악하도록 성취 기준을 제시하고 있다. 이러한 역사 교육 방향은 추상적, 관념적 역사상이 아니라, 물질문화를 통해 역사의 구체적인 모습을 그리게 했다는 점에서 원칙적으로는 납득할 수 있는 방향 설정이라고 판단된다.

다만 문제는 유적, 유물을 중심으로 생활사의 구성이 과연 가능한가, 가능하다면 초등 과정에서 생활사의 어떠한 내용 구성 요소를 갖출 수 있는지, 그중에서 유적과 유물로 구성할 수 있는 요소는 무엇인지를 숙고해야 할 것이다. 구체적으로 성취 기준의 몇 가지 예를 들어 보자.

ㅇ 유물과 유적을 통해 삼국, 통일신라와 발해 시기의 사람들의 생활모습을 파악한다.

삼국 시기에서 통일신라, 발해까지 생활사를 구성하는 유물과 유적 자료라고 하면 대략 고구려 고분벽화, 신라 토우, 고분 및 고분 출토품 자료, 성곽과 도성 자료, 사찰 등 불교 문화 유적, 기타 발굴 고고 자료 등을 거론할 수 있겠다. 이들 자료로 서술할 수 있는 생활상이라고 한다면 귀족 문화와 생활상이 주된 내용이 될 것이며, 그나마 유물·유적 자료로 구성될 수 있는 생활상의 범위도 매우 제한적이다. 이런 내용이 교육과정의 애초 목표는 아니겠지만, 현실적으로 제시할 수 있는 자료 조건을 감안하면 그 한계가 분명해 보인다.

○금속활자, 청자, 팔만대장경, 불교 미술 등을 통해 고려 시기의 과학과 생활, 문화를 파악한다.

금속활자, 청자, 팔만대장경 등은 그동안 초중등 교과서에서 대표적인 고려시대의 문화유산으로 강조되어왔다. 그러나 이들 제시된 문화유산들이 고려의 문화와 생활을 잘 보여줄 수 있는지는 의문이다. 사실 금속활자, 청자, 팔만대장경은 고려의 문화를 보여주기 위한 소재라기보다는 오히려 그동안 '민족문화의 우수성'을 강조하기 위한 소재로 활용되어왔다. 팔만대장경보다는 대장경 문화가, 금속활자보다는 출판인쇄 문화가 차라리 고려의 문화 수준이나 대단원의 주제에서 강조하는 '세계와 활발하게 교류한 고려'의 문화상을 전달하기에 적절할 것이다. 청자도 고려 도자 기술의 우수성이나 귀족의 화려한 생활문화를 전달하는 서술로 집약되리라 예상되기 때문에, 청자가 고려의 문화와 생활을 보여주는 적절한 소재는 아니다. 굳이 이야기한다면 청자보다는 일반 도기가 실생활에서 더 많이 사용되었다. 오늘날 대표적인 민족 문화유산으로 일컬어지는 청자가 오히려 고려시대의 역사상을 불균형하게 인식하게 할 위험이 더 크다고 본다.

○풍속화와 민화 등을 중심으로 서민 문화의 모습을 조사한다.

풍속화와 민화는 그동안 교과서에서 조선시대 서민들의 생활과 문화를 보여주는 자료로 널리 활용되어왔다. 풍속화가 당시 서민들의 생활모습을 보여주는 자료임은 분명하다. 그러나 풍속화의 소재가 제한되어 있다는 점에서, 이들 풍속화의 내용이 조선 후기 서민 문화나 서민 생활을 이해하는 중심 소재가 되기는 어렵다. 소재가 주제의식을 제약할 가능성이 크다. 좀 더 지적하자면 풍속화의 상당수는 서민 생활의 실상을 보여주기보다는 당시 왕이나 양반지배층의 통치를 합리화하는 도구로 제작되었던 측면도 고려할 필요가 있다.

한편 유물·유적을 중심으로 서술할 때에도 시대적 불균형이 나타날 가능성이 높다. 예를 들어 현행 초등역사 교과서에서도 고대의 경우에는 고분문화에 대해 적지 않은 분량의 서술을 하고 있는데, 통일신라 이후에는 고분문화가 전혀 언급되지 않는다. 고분문화는 그 성격이 변화하면서 조선시대에도 지속되었음에도 불구하고 현행 교과서에서는 이러한 맥락이 전혀 서술되지 않고 있다. 물론 시대에 따라 고분문화가 갖는 중요성이 달라지지만, 고분문화의 역사적 맥락에 대한 이해가 단절될 가능성이 높다.

도자기의 경우도 마찬가지다. 현행 교과서에서는 빗살무늬토기와 무문토기를 서술하다가, 삼국시대나 통일신라의 도기는 생략하고 고려의 청자와 조선의 백자로 건너뛴다. 이러한 서술은 각 문화의 역사적 맥락을 이해하는 데 한계를 드러내게 마련이다. 즉 각 시대별로 남아 있는 유물과 유적을 활용할 경우에는 양적이나 질적으로, 그리고 주제별로 상당한 차이가 있기 때문에 균질적인 서술이 불가능하다.

이러한 비판이 초등 과정에서 역사 서술 내용을 확대하자는 뜻은 결코 아니다. 문제는 통사 체계를 유지하면서도 정작 통사의 맥락이 흔들리는 결과가 되기 때문이다. 사실 교육과정에서 통사적 구성을 뼈대로 삼으면서 인물과 유물·유적을 중심으로 서술하기는 매우 어렵다고 본다. 반대로 인물과 유물·유적을 중심으로 한국사를 구성하는 방안에 대한 고민 없이, 이를 통사 체계에 쉽게 도입한 현행 초등역사 교육과정은 근본적인 문제를 안고 있다고 본다. 인물이나 유물·유적 등 구체적인 역사상으로 초등역사 교육이 이루어져야 한다는 데는 원칙적으로 동의한다. 다만 이러한 서술의 방향을 올바르게 살리기 위해서는 통사 구조를 해체해야 한다. 왜냐하면 통사는 정치사를 줄기로 종합적인 역사상을 보여주어야 하는데, 초등학교 학습 분량을 고려하면 이러한 통사 체계가 갖추어야 할 내용 요소를 포함한 상태에서 유물·유적에 대한 구체적인 서술을 담보하기 어렵기 때문이다

또한 유물·유적을 통한 이해를 단지 생활사나 문화사의 영역에 한정할 이유도 없다고 본다. 왜냐하면 유물·유적에 초점을 맞추어 좀 더 다양하고 심도 있는 접근을 통해 더 확장된 역사 학습이 가능하기 때문이다. 예를 들어 선사시대의 신석기, 청동기시대 경우 토기라는 유물 한 종만으로도 생산 문제, 문화의 범주 문제, 사회 분업 문제, 기술 발전의 문제 등 다양하고 구체적인 역사상에 대한 이해가 가능하다. 청자나 백자의 경우를 들어보면, 각 도자의 생산 방식, 도자 생산지의 입지, 생산자와 소비자의 차이, 유통 과정, 도자 생활의 확산 과정, 청자에서 백자로의 기술적 발전 등을 통해, 하나의 생산품을 매개로 사회의 다양한 집단들이 맺는 관계나 기술적 진보에 따른 사회상의 변화를 이해할 수 있다. 이러한 유물·유적에 대한 이해 방식은 역사 해석을 위한 역사 자료의 재구성이 전제된다는 점에서, 초등학생들이 역사 구성 능력을 배양하는 데도 매우 효과적인 방법이다.

이와 관련하여 박물관 교육이나 문화유산 교육을 확대할 필요성에 대해서도 생각해보자. 역사 교육에서도 유물·유적에 대한 구체적인 이해가 가장 유효한 교수 학습 방법론의 하나로 제시되고 있다.[11] 따

---

11 역사수업에서 유물·유적을 활용하는 방안에 대해서는 강선주(2007) 참조.

라서 현행 교과서에서도 여러 형태로 유물·유적이라는 구체적인 유산을 통한 역사 이해를 시도하고 있다. 교과서에서 유물·유적 자료들을 도판 사진 자료로 제시하고 있으며, 이를 통해 유효한 교수-학습 방식을 모색하고 있다.

유물·유적 자료의 특성상 실물 자료에 대한 생생한 관찰이나 체험은 개별 유물에 대한 구체적인 이해뿐만 아니라 문화유산 전반에 대한 인식의 지평을 확장하는 데 도움이 될 것이다.[12] 따라서 2009 초등역사 교육과정에 근거하여 교과서를 편찬할 때 유물이나 유적을 활용하는 박물관 교육이나 문화유산 교육의 틀을 제시하는 것이 바람직하다.

한편 2009 초등역사 교육과정에 제시된 유물·유적을 통한 생활사의 접근과 관련하여 생활사 서술의 방향에 대해서도 검토해보자. 앞에서 2007 초등역사 교육과정에 비하여 2009 초등역사 교육과정에서 생활사 관련 성취 기준이 축소되었다는 점을 지적했다. 이러한 변화는 초등역사 교육에서 생활사 서술의 의미를 다시 짚어볼 필요성을 제기한다. 초등역사 교육에서 생활사의 강조는 3차 교육과정기에 '생활'이라는 표현이 전면에 등장하여 단원 구성에 반영되면서 본격화되었다(최병택, 16쪽). 그러나 이 생활상의 내용이 무엇인지, 생활사를 역사 교육

---

12 7차 교육과정 4학년 사회과에는 〈박물관과 문화재〉라는 학습 영역이 설정되어 있는데, 이는 역사에 대한 초보적인 이해에 적합한 내용 요소라는 점에서 긍정적으로 평가된다. 다만 내용상 박물관에 대한 외형적, 형식적 이해에 초점이 맞추어져 문화유산과 긴밀하게 연관되지 못한 한계가 있었다. 그런데 2007 초등역사 교육과정 이후에는 박물관과 문화재에 대한 독자적인 학습 영역이 제외되었다. 한국사 학습이 5학년에 집중 편성되고 내용적으로 통사 체계를 갖추고 있어, 박물관 교육이나 문화유산 교육을 별도로 설정하기 어렵기 때문일 것이다. 박물관 교육과 문화유산 교육은 초등학생들에게 유효한 학습 내용이라는 점에서 앞으로 초등역사 교육과정 개정 시에 적극적으로 검토해야 할 부분이다.

에서 다루는 목적과 동기가 무엇인지에 대해서는 그다지 탐구되지 못한 점도 사실이다.

초등역사 교육과정에서 생활사를 중심으로 내용을 구성하도록 강조한 점이 초등역사 교육과 생활사의 유기적인 관련성을 충분히 고려한 결과는 아닌 듯하다. 초등학생들에게 친숙한 소재인 '생활'과 관련된 내용으로 접근하는 것이 유효할 것이라는 막연한 입장이나, 환경 확대법이라는 통합 사회과의 내용 선정 원리가 작용한 것으로 보인다.

그동안 역사 연구에서도 생활사 연구가 강조되어왔다. 따라서 생활사 연구가 갖는 의미에 대해서도 논의가 적지 않았지만, 아직은 논자들의 입장 차이가 부각되고, 구체적으로 한국사 연구에서 생활사 연구의 방향이나 방법 등이 수렴되어가는 상황은 아니다.[13] 특히 생활사란 정치사, 경제사처럼 연구 분야의 하나인가, 아니면 구조사, 미시사처럼 역사 방법론의 하나인가에 대한 입장도 모호한 실정이다(정연식, 2009).

따라서 생활사 연구와는 별도로 역사 교육의 차원에서 생활사 서술과 교육에 대한 논의가 필요하다. 특히 초등역사 교육에서 생활사 서술은 생활사 연구가 갖는 의미와는 별개로 접근할 필요가 있다. 왜냐하면 역사를 처음 이해하는 초등학생에게 역사를 쉽고 친근하게 이해하는 소재로서의 성격도 매우 중요하기 때문이다. 이럴 경우 생활사 서술은 역사의 다양한 분야의 하나로서 생활사에 초점을 맞추는 것이 타당하다고 생각한다.

물론 현행 초등역사 교육의 생활사가 생활양식사의 범주에서 벗어

---

13 생활사의 의미와 연구 동향에 관해서는 우인수(1999), 이해준(2001), 곽차섭(2002), 정연식(2009) 등을 참고할 수 있다. 한편 초등교과서의 생활사 서술과 관련하여 생활사 연구 동향을 검토한 연구 논문으로는 방지원(2011), 최병택(2012) 등이 있다.

나지 못하고 있다는 비판(최병택, 19쪽)도 설득력이 있다. 그러나 현재 한국학계의 생활사 연구 수준이나 연구 범위 등을 고려하면, 현 수준에서는 생활양식사의 범주로 서술할 수밖에 없는 측면도 있다. 역사학계에서 생활사에 대한 함의를 둘러싼 논의가 정리되고, 또한 그러한 방향에서 생활사 연구가 진전, 확장되기 위해서는 적지 않은 시일이 걸릴 것이기 때문이다.

그리고 생활양식사의 입장이라 하더라도 다음과 같은 측면에서 나름대로 의미를 갖게 된다. 현재 역사 교육과정이나 교과서 서술에서 중점을 두고 있는 민족사나 국가사와 같이 거대한 담론 구조의 역사 교육에서 벗어나 의식주 등의 구체적인 생활 소재를 학습 대상으로 삼을 수 있다는 점에서도 의미가 적지 않으리라고 생각한다. 다만 구체적인 생활양식에 초점을 맞춘다고 하더라도 특정 시기 사람들의 생활과 일상에 중요한 영향을 끼친 당시의 '시대적 상황' 혹은 '사회적 분위기'를 충실히 전해야 할 필요가 있음(최병택, 18쪽)은 두말할 나위 없다.

이러한 점에서 이전의 교과서와 달리 2007 초등역사 교육과정 및 이에 의거한 현행 초등역사 교과서에서 생활사가 강조되는 의미도 짚어볼 필요가 있다. 이에 현행 초등역사 교과서 중 생활사 관련 내용 구성과 서술의 특징을 살펴보도록 하자.

먼저 각 시대별로 생활사 관련 서술을 함으로써 시대적 맥락과 관계없이 전통문화 인식에 중점을 두던 기존의 '민속학적' 생활사에서 각 시대별 생활모습을 다루는 '역사적' 생활사 위주의 서술은 매우 중요한 변화다(방지원, 2011, 18쪽). 즉 비역사적인 '전통'이 역사적 맥락 위에 비로소 위치하게 된 것이다. 더욱이 각 시대별 생활사의 서술에서 '신분별 생활모습'을 서술함으로써 일상생활의 '현상'을 신분이라는 '제도' 또는 '구조'와 연결 지었다는 점(방지원, 2011, 18쪽)도 역시 의미 있다. 다만 아래에서 언급하겠지만 교육과정의 의도를 실현할 수 있는 구체적인 내용 구성이 이루어지지 않음으로써, 시대에 따른 생활상의 변화상과 차별성이 잘 드러나지 않은 점은 아쉽다.

이러한 교육과정에서의 특징에도 불구하고 현행 초등역사 교과서의 생활사 관련 서술은 적지 않은 문제점을 드러낸다. 우선 2007 초등역사 교육과정에 의거한 현행 교과서에서는 고조선-삼국-통일신라와 발해-고려-조선 전기-조선 후기-근대 등의 정치사의 시기 구분에 맞추어, 각 시기별로 생활사 관련 서술이 포함되어 있다. 즉 각 시기별 특징이 드러나는 생활상의 모습이 서술되어야 한다. 그러나 현행 초등역사 교과서를 보면, 각 시대의 신분별 생활을 서술하고 있지만, 그 시기의 생활을 규율하는 큰 문화로 접근하지 못하면서 시대에 따른 생활상의 차이를 파악하기 어렵게 한다(강선주, 2011b, 393쪽).

생활사 서술 내용이나 비중에서도 시기별로 다소 차이가 있지만, 전체적으로 유사한 서술이 계속 반복되고 있다. 예를 들어 각 시기별로 신분 구성을 제시하고, 의식주·거주 등에서 신분에 따라 차별이 있다는 점 등을 서술하고 있다. 지배층의 경우에는 시대별 신분의 명칭과 구체적인 차이에 대해서 서술하고 있다. 그러나 일반 평민의 경우에는 생산활동에 종사한다는 점, 국가에 세금을 낸다는 점, 천민이나 노비의 경우에는 가장 낮은 신분으로서 국가와 지배층의 소유 대상이라는 점이 공통적으로 기술되고 있을 뿐이다. 의식주에 대한 서술에서도 신분에 따른 차이가 있음을 강조할 뿐, 구체적인 시대별 차이를 제시하지 않았다.

이러한 평면적이고 시기별로 별 차이가 없는 서술로 인해 생활사 영역에서 하나의 맥락을 구성하는 데 실패하고 있다. 생활사 서술에서 중요한 점은 생활상의 지속적인 측면과 시대의 변화와 발전에 따라 새로이 등장하는 생활상의 변화라고 할 수 있다. 특히 생활상은 기술적인 진보나 사회 구성의 변동이 두드러지지 않은 이상 그 변화된 모습이 그리 두드러지지 않는 부분이기 때문이다. 이러한 점에서 생활사는 시대별로 서술되는 데 그치지 않고, 전체 생활사의 지속성과 변화상을 정교하게 구성하여 서술하는 태도가 무엇보다 중요하다고 본다.

5. 민족사 중심의 인식 문제

역사 교육과정에서 지향하는 역사 교육은 '국민교육'으로 수렴된다. 민족사 중심의 역사 교육을 강조하는 측면이 대표적이다.[14] 이는 다양하고 개방적으로 이루어져야 할 학교 역사 교육을 제약하는 부분이기도 하다. 특히 한국사의 역사 교육에서 '민족'이 갖는 여러 문제점 중에서도 가장 큰 것은 한민족을 선험적으로 초역사적 실체로서 역사 주체로 설정하고 있다는 점이다. 또한 주변국과의 교류는 상대적으로 소홀하게 다룬 데 비해, 주변국과의 전쟁이나 충돌을 크게 부각하고 있으며, 이러한 주제도 주로 국난 극복사의 형태로 성취 기준이 제시되고 있다는 점에서 민족사 중심의 인식을 잘 보여준다. 2009 초등역사 교육과정에서 제시된 몇몇 성취 기준의 예를 중심으로 살펴보자.

○단군의 건국 이야기를 알고, 고조선이 우리 역사상 최초의 국가임을 이해한다.

---

14 민족사 서술이 갖는 문제점에 대한 종합적 정리는 양정현(302~330쪽) 참조.

이 성취 기준은 한국사 최초의 국가인 고조선의 국가 성립을 단군신화로 파악한다는 의미로 해석된다. '단군의 건국 이야기'라는 표현은 아마도 '단군신화'라는 용어의 사용을 피하기 위해서 선택된 듯하지만, 정확한 개념과 용어를 사용하지 않았다는 점에서 결코 올바른 방식이 아니다. 단군신화는 한국사 최초로 등장하는 건국신화라는 점에서 초등 과정에서 학습되어야 할 내용 요소임은 분명하다. 단군신화의 기본 내용은 고조선 당대의 산물이지만, 현재 전하는 단군신화의 전승은 고려시대에 채록된 것으로 후대적 요소가 적지 않게 포함되어 있다. 즉 단군신화는 청동기시대에 새로운 부족집단이 출현하는 장면이 담겨 있을 뿐, 구체적으로 고조선이라는 국가의 출현 과정은 보이지 않기 때문에, 고조선의 성립을 단군신화로 설명하는 것은 무리가 있다. 오히려 건국신화란 무엇인지, 그것이 어떻게 나타나는지, 신화에서 역사적 사실과 허구는 어떻게 구분할 수 있는지를 목표로, 단군신화를 역사 교육의 소재로 활용하는 데 적절하다.

한국의 역사 교육에서 단군신화와 고조선은 민족사의 기원이라는 인식으로 인해, 교과서에서 정합적인 역사 기술에 애로가 적지 않은 부분이다. 즉 '최초의 국가'라는 성취 기준에서도 보듯이 국가 성립을 민족사적 기원으로 파악하는 것을 핵심 요소로 제시하고 있다. 그러나 역사 연구에서 국가의 성립이란 곧 청동기·철기문화를 기반으로 계급사회로의 이행 및 국가 형성 과정에 대한 이해가 기본을 이룬다. 물론 초등 과정에서 이러한 역사상이 반드시 서술될 필요는 없다고 본다. 다만 '국가 성립'이 이전의 선사 사회와는 질적으로 다른 사회 구성을 갖춘다는 점은 기술되어야 할 것이다. 현행 초등역사 교과서에서는 단군 이야기에 초점을 맞춤으로써 국가 성립이라는 역사적 변화를 거의 언급하지 않고, 오히려 국가 성립이 곧 민족사의 기원이라고 인식하는 서술이 되고 있다는 점을 지적하고자 한다. 앞으로 교과서 서술 과정에서 특히 유의해야 할 부분이다.

○ 외적의 침략과 이를 극복해가는 과정을 조사한다.
○ 이순신과 남한산성 등 대표적인 인물과 유적을 통해 임진왜란과 병자호란의 극복 과정을 조사한다.

주변 국가와의 전쟁이나 정복에 대한 서술은 자칫하면 도덕적인 관점이나 선악이라는 이분법이 작동할 가능성이 크다. 전쟁이 일어난 국제 정세, 전쟁의 과정, 전쟁의 결과에 대한 종합적이고 객관적인 서술이 이루어진다고 하더라도, 자민족과 타자를 분명하게 구획하기에 가장 적합한 역사적 소재이기 때문이다. 강선주의 연구에 따르면 초등학생들은 의외로 전쟁이나 갈등의 역사에 대한 관심이 높다고 한다(강선주, 2011a; 2011b). 이는 민족 정체성이나 귀속감을 형성하기 용이한 주제이기 때문일 것이다. 그래서 기존의 교과서에서도 외국과의 전쟁은 민족 정체성을 드러내기에 가장 적절한 소재로 널리 이용되었다. 따라서 역사적 상황에 대한 객관적이고 종합적인 인식이 부족한 초등학생을 대상으로 굳이 주변 국가와의 전쟁을 역사 교육의 소재로 삼을 필요가 있는지 의문을 갖게 된다. 전쟁에 대한 학습이 평화와 화해에 대한 인식으로 연결되기보다는, 오히려 애국심의 고양이나 민족의식의 강조로 이어질 가능성이 크기 때문이다.

특히 초등역사 교과서에서는 전쟁 과정이나 전쟁의 영향을 한국사의 입장에서만 서술할 뿐, 전쟁 상대국의 상황이나 전쟁 후 상대국에서 나타난 결과에 대해서는 서술하지 않는다는 점도 기본적으로 민족사 중심의 서술로 한정되었음을 보여준다. 이와 관련하여 주변국과의 전쟁을 서술하는 부분에서 제시되는 지도에서만이라도 상대국에 대한 지리 정보를 제대로 보여줄 필요가 있다고 생각한다. 중학교 과정에서는 세계사를 통합한 《역사》, 고등학교 과정에서는 《세계사》와 《동아시아사》가 구성되어 동아시아와 세계사의 맥락 속에서 한국사가 위치하고 있는 데 비해 초등학교 과정에서는 오직 한국사만이 서술되고 있다. 초등학생의 경우에도 자국사를 중심으로 하더라도 주변 세계나 세계사에 대한 최소한의 정보를 바탕으로 한국사를 이해함이 타당하기 때문에, 최소한 전쟁 관련 성취 기준에서라도 자국사의 범위를 넘어서는 서술의 방향 제시가 필요하다고 본다.

한편 앞에서도 언급했지만, 민족사 중심의 관점은 문화유산이나 유물·유적의 이해 방식에도 깊숙이 작동한다. 이런 점에서도 박물관 교육이나 문화유산 교육이 민족사 중심의 인식을 극복하는 유효한 방법임을 고려할 필요가 있다. 물론 박물관이 근대 국민국가가 갖는 이념과 역사의식의 체현 공간이라는 성격에서 출발하여 지속적으로 확대되어온 산물이라는 측면에서 본다면(정진성, 2004), 교육과정상 역사교육의 목표와 박물관의 지향점은 상당 부분 겹친다고 볼 수 있다.[15] 이러한 박물관의 본질적 성격에도 불구하고, 박물관 전시에 대한 탈맥락화된 이해를 통하여 역사와 문화에 대한 새로운 이해가 가능한 공간이라는 점도 염두에 둘 필요가 있다. 예컨대 박물관 전시는 개별 유물들이 하나의 맥락 속에서 구성된 것이지만, 그럼에도 불구하고 유물 개체의 전시라는 전시 고유의 형식은 개별 유물이 갖는 의미를 충분히 드러내게 마련이다.

---

15 필자는 한국 박물관 교육의 내셔널리즘 문제를 간략히 살펴본 바 있는데(임기환, 2011a), 이를 참고하기 바란다.

이 점은 맥락화된 역사 이해를 목표로 삼는 역사 교육의 한계를 보완하는 데에도 유효하다. 교과서 등의 텍스트는 역사의 개별적 사실을 체계화, 구조화하는 역사상만을 부각하게 마련이다. 이처럼 개별성, 개체성이 사상되기 쉬운 역사 교육에서 개별 유물이 갖는 의미성과 진정성에 대한 이해를 돕는 박물관 교육은 앞으로 역사 교육에서 새롭게 재검토할 영역이라고 생각한다. 이러한 측면은 좀 더 깊이 탐구해야 하는 중요한 주제이므로, 여기서는 문제를 제기하는 데 그치고 추후에 별도로 논의를 심화시키도록 하겠다.

민족사 중심의 역사 교육이 갖는 문제점은 주변 국가와의 역사 문제를 둘러싼 역사 분쟁의 과정에서 부각되어왔다. 대표적인 예로 2002년에서 2007년 사이에 진행된 중국의 '동북공정'을 둘러싸고 한국과 중국 사이에 벌어진 역사 분쟁을 들 수 있다. 중국의 동북공정이 국내에 알려진 후, 고구려사의 귀속 문제를 둘러싸고 2004년 한국 사회에서 역사 지키기 운동이 광범위하게 전개되었고, 이 과정에서 한국 역사학계 내에서도 국가사와 민족사 중심의 역사 인식에 대한 비판과 성찰이 제기되었다. 탈민족주의 논의 및 동아시아론 등이 대표적이다(임기환, 2006, 16~20쪽). 민족사와 국가사 중심의 역사 교육이 여전히 유효하다고 하더라도 이러한 역사 교육이 민족주의와 애국주의의 과잉을 초래하는 현상은 바람직하지 않다. 앞으로 역사 인식의 지평을 확장하고 다양화하려는 노력이 초등역사 교육에서부터 깊이 탐구되어야 할 것이다.

6. 마치며

지금까지 2009 초등역사 교육과정의 특징 및 문제점을 검토하고, 이와 관련된 부분을 중심으로 현행 초등역사 교과서의 서술 내용을 검토했다. 이상의 검토를 요약하는 것으로 맺음말을 대신하고자 한다.

2009 초등역사 교육과정이 갖는 특징을 좀 더 부각하기 위해 2007 초등역사 교육과정과 비교 검토했는데, 전체적으로는 정치사 위주의 통사 체계라는 점에서 크게 달라진 점은 없다. 다만 일부 성취 기준이 축소, 통합되거나 새로운 성취 기준이 제시되면서 교육과정이 지향하는 방향에 변화가 나타났다고 판단할 수 있다.

첫째, 전체적으로 인물 중심의 서술이 강조되고 있음이 두드러지게 변화된 특징이다. 특히 서술되어야 할 다수의 인물을 구체적으로 제시하고 있는데, 선정 인물이 대체로 정치적 성격의 인물이라는 점에서 정치사 중심의 교육과정의 성격을 반영한다. 인물의 선정 기준과는 별개로 인물의 서술 방식과 목표에 대해 좀 더 구체적인 방안을 검토할 필요가 있다. 인물 중심의 역사 서술은 구체적인 사실을 드러낼 수 있고, 내러티브 서술이 가능하며, 역사적 인물에 공감하기 쉽다는 점에서 초등역사 교육에 유효한 측면이 있다. 그러나 이러한 장점은 매우 구체적이고 상세한 서술이 이루어질 때 가능하기 때문에 교과서라는 특성상 이러한 인물 중심 서술의 목표를 달성할 수 있을지 의문이다. 처음 의도대로 인물을 통한 시대적 성격을 드러내기보다는 특정 인물의 영웅적 이미지와 성격만을 부각할 가능성이 높기 때문이다. 이러한 문제점은 현행 초등역사 교과서의 서술에서 그대로 드러나고 있다. 따라서 앞으로 초등역사 교과서에서 적용 가능한 인물 중심의 서술 방식에 대한 모색이 시급하다.

둘째, 생활사 서술의 약화가 예상되는데, 성취 기준의 제시에서 2007 초등역사 교육과정보다 축소, 통합되는 면이 두드러진다. 2007 초등역사 교육과정의 주요한 특징의 하나로 평가되는 생활사에 대한 문제의식이 희석되거나 맥락이 달라지고 있는데, 이에 대한 적절한 설명은 보이지 않는다. 물론 현행 초등역사 교과서 등에서 생활사 서술이 과연 합리적으로 이루어지고 있는가에 대해서는 진지한 성찰이 필요하지만, 이와 별도로 초등역사 교육과정에서 그동안 생활사 서술의 중요성을 강조해온 점을 고려하면, 생활사 서술의 축소를 초래할 가능성이 높은 2009 초등역사 교육과정 및 이에 의거하여 편찬되는 초등역사 교과서에 대해 앞으로 심도 있는 평가가 이루어져야 하겠다.

이처럼 2009 초등역사 교육과정에서는 정치사 영역에서 인물 중심의 서술이 강조되고 있고, 아울러 생활사 영역의 통합, 축소로 인해 전체적으로 국가와 민족 중심의 역사적 맥락이 강조될 가능성이 커졌다고 볼 수 있다. 이러한 방향은 최근 역사학계와 역사 교육학계의 동향과도 어긋난다고 하겠다. 동아시아사나 세계사, 글로벌히스토리 등에 대한 관심의 증대와 더불어 한국사와 세계사의 통일적, 체계적 이해를 추구하는 것은 세계화라는 현실을 바라보는 올바른 역사 인식을 갖추기 위함이다. 따라서 초등역사 교육에서도 비록 한국사를 중심으로 하더라도 주변 국가와 세계에 대한 학생들의 인식을 확장시키려는 노력이 뒷받침되어야 한다.

앞의 검토를 바탕으로 초등역사 교육과정의 방향이나 교과서의 내용 구성 방향에 대해 간략하게 제언하는 것으로 글을 끝맺도록 하겠다.

초등역사 교육에서 인물 중심의 서술이나 유물·유적을 통한 생활사 서술의 방향이 유효함은 충분히 인정한다. 그러나 초등 교과서에서 이를 어떻게 실현할 것인지를 고민해야 한다. 현행 역사 교육과정은 방향은 제대로 설정했다고 할 수 있겠지만, 구체적으로 대단원이나 성취 기준은 이러한 방향의 서술이 불가능한 내용 구성을 보이고 있다. 가장 큰 요인은 정치사 중심의 통사적 구성을 기본 골격으로 삼는 데 있다고 생각한다. 역사 교육과정에서 통사의 구성을 굳건히 지키는 이유는 바로 민족사와 국가사를 중심으로 하는 역사 교육을 목표로 삼기 때문이다.

국가 역사 교육과정에서 민족사 인식을 기본으로 하는 것은 충분히 인정할 수 있지만, 올바른 초등역사 교육 방향 설정이라는 면에서 좀 더 유연한 자세를 가져야 할 것이다. 그렇다면 통사적 구성을 해체하고, 인물 중심과 생활사 구성이 가능한 공간을 확장할 필요가 있다. 필자의 생각으로는 생활사 구성이 현실적으로 제약이 많은 상황에서는 오히려 문화사 영역과의 접합점을 찾는 것이 바람직하다고 본다.

내용 구성 요소에서는 앞으로 더 많은 연구가 이루어져야 하겠지만, 역사를 이해하는 데 필요한 기본 개념들—역사의 개념, 사료와 해석, 역사의 재구성 방식, 시간과 공간, 변화와 발전, 사회와 신분, 전쟁과 국제관계, 사회와 개인의 관계, 문화유산을 이해하는 방법 등등—을 학습하는 데 성취 목표를 두어야 한다고 생각한다. 물론 이러한 역사를 이해하는 태도와 방식을 배우는 역사적 소재는 당연히 한국사 영역에서 찾아야 할 것이다.

---

* 이 글은《역사학보》218집(2013년 6월 30일)에 특집 논문으로 게재되었다.

참고문헌

강선주, 〈생활사 교육의 내력과 방향〉,《역사교육》 95, 2005.

_____, 〈역사수업에서 자료 활용 능력 신장을 위한 유물, 유적 활용방안〉,《기전문화연구》 33, 2007.

_____, 〈5학년 역사 내용 구성 방향〉,《역사교육》 117, 2011a.

_____, 〈4, 5학년생의 역사 개념과 초등역사 교과서 개발 방향 – 경험적 연구에 기초하여〉,《역사교육논집》 47, 2011b.

곽차섭, 〈'새로운 역사학'의 입장에서 본 생활사의 개념과 방향〉,《역사와 경계》 45, 2002.

김한종, 〈중등 역사 교과서 개편의 과정과 성격〉,《한국고대사연구》 64, 2011.

김현애, 〈초등 사회과 역사 영역 서술에 관한 검토: 사회 5학년 1학기(조선전기)를 중심으로〉,《역사문화논총》 7, 2012.

방지원, 〈초등역사 교육에서 생활사 내용 구성〉,《역사교육》 119, 2011.

_____, 〈초등역사 교과서의 조선후기 서술과 교재 재구성〉,《역사와 교육》 5, 2012.

양정현, 〈포스트모던 역사 이론의 '민족' 논의와 역사 교육〉,《역사교육과 역사인식》, 책과함께, 2005.

역사교육과정개발정책연구위원회,《2011 역사 교육과정 개정(안) 공청회 자료집》, 2011.

우인수, 〈조선시대 생활사 연구의 현황과 과제〉,《역사교육논집》 23·24합, 1999.

이해준, 〈생활사 연구의 역사민속학적 모색〉,《역사민속학》 13, 2001.

임기환, 〈중국의 동북공정과 한국 역사학계의 대응〉,《사림》 26, 수선사학회, 2006.

_____, 〈사회통합의 측면에서 바라본 박물관 교육의 새로운 방향 모색 – 박물관 교육에서 내셔날리즘 문제를 중심으로〉,《사회 속 박물관, 박물관 속 사회》(제6회 박물관 교육 심포지엄 발표문), 2011a.

_____, 〈초등 사회교과서 국사영역의 한국고대사 서술 검토〉,《한국고대사연구》 64, 2011b.

_____, 〈한국고대사의 연구 성과와 역사 교과서 서술의 방향〉,《역사학의 성과와 역사교육의 방향》, 책과함께, 2013.

전혁진·우인수, 〈초등학교 5학년 사회교과서의 한국사 내용 검토와 활용방안〉,
　　《역사교육논집》 47, 2011.
정연식, 〈한국생활사 연구의 현황과 과제〉, 《역사와 현실》 72, 2009.
정진성, 《박물관의 탄생》, 살림, 2004.
최병택, 〈현행 초등학교 사회과 역사 영역 내용 구성의 문제점〉, 《역사교육》 124,
　　2012.

'그려지는 것들'과
'그리지 않는 것들'

어린이·청소년 역사책 속 동아시아 지도 분석

———————

정면

1. 지도의 내용 분류하기

어린이와 청소년을 대상으로 하는 역사책에는 내용의 이해를 돕기 위한 '지도[1]'가 많이 삽입되는 편이다. 그리고 이들 지도의 대부분은 역사적 사실을 설명하는 '주제도'다. 이들 지도의 일차 기능은 독자가 '상대적 지리 위치'를 파악해 그 역사적 사상을 좀 더 쉽게 이해하도록

---

*   이 글은 한양대학교 비교역사문화연구소 'HK 트랜스내셔널 인문학 사업단'에서 개최한, 국경을 넘어서는 어린이·청소년 역사책 제정 기념 심포지엄 '어린이·청소년 역사책, 길을 묻다'에서 발표한 〈'그려지는 것들'과 '그리지 않는 것들': 어린이·청소년 역사책 속 동아시아 지도 분석〉을 수정한 것이다. '그려지는 것들'과 '그리지 않는 것들'이라는 지도 내용 구분의 표현에 대해 많은 지적이 있었지만, 굳이 수정하지 않았다.

1   이 글에서 사용하는 '지도'라는 용어 정의에 대한 지적이 있었다. 이 논문에서 분석한 '지도'는 대부분이 지리학에서 '지도'로 명명할 수 없는 '지도 모양 삽화'에 불과하지만, 지리학계 이외의 학자 및 일반인은 이러한 삽화를 지도로 인식하는 현실과의 괴리를 명시해야 한다는 것이었다. 이 글에서는 '지도'를 '땅 그림' 정도의 넓은 의미로 사용하였다. 심포지엄에서 토론을 맡아주신 역사지리학자 김종근 선생에게 다시 한 번 감사를 표한다.

돕는 것이다. 이 글에서는 소위 '잘 팔리는' 책들을 위주로[2] '한국 고대사'의 내용을 담은 지도들을 살펴보았다. 제목에서 동아시아 지도라고 했지만, 그 의미는 한국사의 무대로서의 '동아시아' 지도다.[3] 지도 작

---

2 분석 대상 도서를 선정하는 것이 쉽지는 않았다. 수백 종에 달하는 기존의 역사책을 모두 분석의 대상으로 삼는 것은 필자 개인의 능력으로는 불가능한 일이었다. 뿐만 아니라, '어린이'와 '청소년'의 범주 또한 지나치게 넓고 애매하였다. 그리고 '역사'와 관련된 다종다양한 어린이용 책들을 보면서, '역사책'이라는 범주 또한 매우 모호한 것임을 깨달았다. 그래서 우선 많이 팔린 책들을 찾았다. 크다고 생각되는 온라인 서점 네 곳에서 '판매량'을 기준으로 '어린이' 혹은 '청소년', '한국사'를 범주로 삼아 검색했다. 여기에서 역사 위인전과 학습만화류를 제외하였고, 또 연표를 중심으로 지나치게 단순하게 구성된 책을 제외하였다. 이 과정을 거쳐 선택된 것이 《용선생의 시끌벅적 한국사(전8권)》(사회평론, 2012; 이하 《용선생》), 《한국사 편지(전5권)》(책과함께어린이, 2009; 이하 《편지》), 《마주 보는 한국사 교실(전8권)》(웅진주니어, 2008; 이하 《교실》), 《청소년을 위한 한국사》(두리미디어, 1999; 이하 《청소년》), 《아! 그렇구나 우리 역사(전13권)》(여유당, 개정판, 2005; 이하 《우리 역사》)이다. 《용선생》 시리즈는 '역사반' 수업의 형식으로, 《편지》는 엄마가 쓰는 편지 형식으로 꾸며졌다. 《교실》과 《우리 역사》는 권별로 시대 전공자인 역사학자들이 이야기체로 서술하였다. 《교실》은 시기 구분의 형식으로 권을 나눈 데 비해, 《우리 역사》는 각 국가 혹은 지역별로 권을 나누고 그 분야 전문가에게 서술을 맡긴 것이 특징이다. 《청소년》은 기존의 개설서 서술 형식을 유지하였다. 그리고 난이도를 기준으로 굳이 나누자면, 앞의 3종은 어린이 책에 가깝고, 뒤의 2종은 청소년용에 가깝다.

3 따라서 이 글에서 다룰 역사의 범주는 '한국사'다. 그리고 시간적으로도 선사시대부터 통일신라·발해(남북국 시기)까지로 한정하였다. 이는 지면 탓이기도 하고, 한국사 전공자가 아닌 필자의 능력 탓이기도 하다. 따라서 《용선생》은 제3권까지(금현진 외, 2012a; 금현진 외, 2012b; 금현진 외, 2012c), 《편지》는 제1권(박은봉, 2009), 《교실》은 제3권까지(오강원, 2008; 박미선, 2008; 윤재운, 2008), 《청소년》은 208쪽까지(백유선 외, 1999), 《우리 역사》는 제6권까지(송호정, 2005a; 송호정, 2005b; 여호규, 2005; 강종훈, 2005; 나희라, 2005; 송호정, 2006)가 그 대상이 된다. 그리고 도서별로 실린 지도의 수를 보면, 《우리 역사》 1, 2, 3, 4, 5, 6권에 100도엽, 《용선생》 1, 2, 3에 57도엽, 《교실》 1, 2, 3에 29도엽, 《편지》 1에 11도엽, 《청소년》의 해당 부분에 10도엽이다.

성의 오류나 실수들을 짚어내고 비판하는 일은 매우 중요한 일이지만, 이 글에서는 그다지 큰 관심을 두지 않았다. 모든 저작이 그렇지만, 특히 작은 지면에 그리는 지도는 필연적으로 선택과 배제, 생략의 과정을 거치게 마련이다. 이 글에서는 여기에 더 주목하였다.

많지는 않지만, 국사 교과서에 실린 지도들을 분석한 연구가 있다(송호정, 2002; 강종훈, 2008; 이근우, 2008; 윤정, 2010; 윤정, 2011). 그중에서도 특히 선사·고대 부분을 중심으로 지도들을 일별하고 그 문제점과 개선 방향을 제시한 논문은 이 글을 쓰는 데 많은 도움이 되었다(강종훈, 2008). 그리고 게재된 지도 수의 증감, 들고 나는 지도의 내용과 경향성을 교과서의 역사(교과 과정 변경)에 따라 분석한 연구 또한 매우 흥미로웠다. 국가의 정치적 '의도'에 따라 선택된 특정한 역사상들이 '지도화'되는 현상을 잘 보여주고 있다(윤정, 2010). 이러한 분석 방법을 이 글에 적용하지는 않았지만, 그 관점은 충분히 의미 있었다. 이에 비하여 어린이·청소년 역사책에 실린 지도에 대한 분석이 존재하는지는 잘 모르겠다. 필자의 게으름 탓인지 모르겠지만, 아직 보지 못했다.

이 글에서는 먼저 각각의 지도를 구성하는 내용들을 분석 대상으로 삼았다. 그리하여 무엇이 어떻게 그려지는지, 혹은 그려지지 않는지를 기준으로 그 범주를 나누어보았다. 지도의 내용을 구성하는 요소들은 먼저 그 형태에 따라 점, 선, 면으로 구별하였다. 일반적으로 지도는 평면 위에 갖가지 기호와 문자를 동원하여 지리적 사상(事象)을 표현한다. 이때 동원되는 기호들은 점(point), 선(line), 면(polygon)의 기하학적 형태로 환원될 수 있다(John Krygier 외, 176쪽). 그리고 이들의 이름(label)은 문자로 표기한다. 이 이름은 종종 생략되기도 하지만, 역으로 이름만 남고 이들 기호는 표시되지 않는 경우도 많다. 이 글에서는 지도별로 이들 점, 선, 면 혹은 이들을 대변하는 이름들이 무엇을 표현하는 데 사용되었는지를 살펴본다.[4] 그리고 이 각각의 레이어들과 지도 전체 맥락과의 관계를 기준으로 그 내용들을 범주화한다.

지도만을 보고 그것을 그린 사람의 생각을 정확하게 판단할 방법은 없다. 따라서 지도와 그 제목 혹은 지도를 둘러싼 본문과의 관계를 통해 그 내용의 성분들을 구분해볼 것이다. 지도의 내용을 구성하는 성분 중에는 ① 본문 내용의 이해를 돕는다는 본래의 목적에 따라 그린 것이 있다. 각 지도를 구성하는 요소의 대부분이 이에 해당한다. 이들을 '그린 것'이라고 이름 붙였다. 반면에 ② 본문의 맥락과 무관하게 표시된 것도 있다. 이러한 성분은 '그려지는 것'으로 이름 붙였다. ③ 아예 그리지 않거나, 축소하여 그리는 것이 있다. 이러한 요소는 '그리지 않는 것'이라는 이름으로 분류하였다. ④ 주로 주변적인 요소인데, 표기되지 않거나 아예 생략되는 것이 있었다. 여기에는 '그려지지 않은 것들'이라는 이름을 붙였다. 물론 이들 범주의 경계가 명확한 것은 아니다. 그러나 문제는 이 범주의 정확성이 아니라, 이 범주들에 의해 구성된 지도의 양태일 것이다.

이제 위의 기준에 의해 분류된 지도 내용의 범주들을 차례로 살펴보고자 한다. 먼저 수는 적지만 '(내용의 맥락과 무관하게) 그려진 것들'에 해당하는 요소를 살펴볼 것이다. 백두산과 현재의 국경이 대표적이다. 그다음으로 '(설명할 내용을) 그린 것들'을 살펴볼 것이다. 어떠한 사상들이 많이 그려졌는지, 그 표현에 문제는 없는지 살펴본다. 세 번째, '그리지 않는 것들'을 살펴볼 것이다. 아예 언급되지 않거나, 언급되더라도 명시적으로 표현되지 않는 역사상에 관한 이야기다. 아울

4　지도명과 점, 선, 면 레이어에 따른 내용 분석표는 이 글을 전개하는 데 꼭 필요한 것도 아니고, 지면도 넉넉지 않아 싣지 않는다.

러 '그려지지 않은 것들'을 다룰 터인데, 전체 맥락에 의해 동원되지만 생략되거나 축소되는 역사적 사상에 관한 것이다. 마지막으로 결론을 대신하여 무엇을 어떻게 그려야 할지에 대해 '문제 제기'하는 것으로 글을 마치고자 한다.

2. '그려지는 것들': 국경과 백두산

지도는 주로 설명하고자 하는 대상의 상대적 지리 위치를 보여주기 위한 것이므로, 설명 대상과 직접적인 관련이 없는 부분도 포함되게 마련이다. 예를 들어 '기원전 2세기 무렵의 고조선 지도'라는 제목이 붙은 지도에 위만조선은 물론 옥저와 동예, 삼한, 읍루, 부여, 흉노, 한 등이 등장한다. 당시 동북아시아의 여러 정치체들과의 상대적 지리 위치 속에서 위만조선의 범주를 보여주려는 것이다. 이 경우 지도의 제목에 오해의 소지가 있지만, 이 지도에 동원된 요소들은 하나의 맥락 안에 놓인 것으로 생각할 수 있다. 그런데 이와 달리, 지도의 맥락과 상관없이 당연한 듯 그려지는 요소들도 있다. 자주 등장하는 것이 현재의 국경(남한+북한)과 백두산이다. 고대의 역사적 사건을 설명하는 데 꼭 필요하지 않은 현재의 국경과 백두산이 '당연하다는 듯이' 표시되는 경우가 적지 않았다.

백두산은 순전히 지도 제작과 관련하여 나름의 등장 배경을 가지는 경우가 있다. 국사 편찬에 간여한 바 있는 한 연구직 공무원의 전언에 따르면, 백두산은 압록강과 두만강의 분수계로서 편의상 지도에 등장하는 경우가 많다고 한다. 좀 더 자세히 설명하자면, 두만강과 압록강을 그려야 하는데, 두 강의 수원이 가까워서 지도가 작아질 경우 두 강

백두산 관련 사례

자료1 4세기 말의 4국 지도   자료 2 5세기 초 광개토왕 때의 지도

이 붙어 있는 것처럼 보일 때가 많다는 것이다. 이 문제를 편의적으로 해결하는 방법의 하나가 두 강의 발원지에 백두산을 표기하는 것이라는 이야기다.

엉뚱해 보이는 설명이지만, 위의 〈자료 1〉,[5] 〈자료 2〉,[6] 〈자료 3〉[7]을 비교해보면, 충분히 개연성이 있음을 알 수 있다. 물론 이런 맥락과 상관없이 백두산이 표기되는 경우도 적지 않다. 따라서 많은 산들 중 유독 백두산이 자주 표기되는 이유는 따로 설명되어야 할 것이다.[8]

---

5 〈4세기 말의 4국 지도〉(오강원, 201쪽)의 일부. 압록강의 수원과 두만강의 수원이 연결되어 있지만, 그 자리에 백두산이 표기되어 있다.

6 〈5세기 초 광개토왕 때의 지도〉(박미선, 60쪽)의 일부. 압록강의 수원과 두만강의 수원이 떨어져 있다.

7 〈장수왕 시절의 삼국 지도〉(박미선, 67쪽)의 일부. 압록강의 수원과 두만강의 수원이 붙어 있어, 마치 국경을 그린 것처럼 보인다. 그러나 다른 강들의 표시 양식이나, 압록강과 두만강의 지류로 볼 때, 이 선은 강을 그리려다 실수한 것으로 보아야 할 것이다.

8 '백두에서 한라까지'라는 구호에서 보이듯이, 백두산 또한 영토를 형상화하는 상

자료 3 장수왕 시절의 삼국 지도

그런데 공교롭게도 압록강과 백두산 그리고 두만강은 (헌법이 정하는) 대한민국 영토의 북쪽 국경을 구성하는 요소들이다.

〈자료 4〉는 흥미롭다. '4세기 중엽의 사로국과 주변 나라'라는 제목이 붙은 지도(나희라, 21쪽)[9]의 일부분이다. 그런데 이 지도에는 원래 다음과 같은 설명이 붙어 있다. "우리 땅 북녘에는 부여·고구려·옥저·동예가 나라를 세웠고, 남녘에는 마한·진한·변한이 자리를 잡았다. 사로국은 12개 소국이 연맹을 맺은 진한 가운데 하나였다."

이 지도가 재미있는 점은 부여까지 '우리 땅'이라고 적어놓고, 지도에서는 현재의 국경으로 '우리 땅'을 나누어놓았다는 점이다. 바탕 지도(기본도)로서 현재 국가들의 국경을 표시한 것도 아니다. 왜냐하면 남한과 북한의 경계도 없을뿐더러, 러시아와 중화인민공화국의 국경

징 중의 하나다. 지금의 북쪽 국경선을 확정한 것은 1909년 청일 간 간도협약과, 1962년 중공과 북한 사이에 맺어진 국경 조약이다. 이 과정에서 논쟁의 중심이 된 것은 백두산과 백두산 정계비였다. 1962년 조약의 결과, 백두산은 중국과 한국이 나누어 가진 산이 되었다. 이에 대해 남한 사람들은 여전히 불만을 표시하고 있다. 2007년 장춘 동계 아시안게임에서 벌어진 한국 여자 쇼트트랙 선수들의 '백두산 세리머니' 사건은 이를 잘 대변한다. 아픈 신체로서의 표상이자 민족의 '영산'인 '백두산'은 이 글에서 살펴본 역사책의 지도들에서도 자주 등장한다. 아마도 이 지도들 중에 가장 많이 표시된 산은 백두산일 것이다. 별다른 맥락 없이도 백두산은 있어야 할 자리에 꼭 표시된다.

9 본래의 지도는 산둥반도와 랴오둥반도, 랴오허 이서 지역, 그리고 쑹화강 이북의 상당 지역까지 포함하였다.

자료 4 4세기 중엽의 사로국과 주변 나라(부분)

도 따로 표시하지 않았기 때문이다. 이 지도를 그린 사람의 정확한 의도를 파악할 방법은 없다.

그런데 역사 지도에 이러한 '국경'을 표시하는 것은 분명히 '효과'가 있다. 그 '효과'는 분명하다. 형상화된 우리 영토, 즉 국토의 재현이다. 우리나라의 국토가 어디에서부터 어디까지인지 한눈에 들어온다. 이 역사책을 읽는 어린이와 청소년들이 우리의 '국토'를 재확인하는 일의 교육적 효과는 다른 문제이지만, 왜 하필 4세기 중엽 사로국의 위치를 파악하는 지도에서 그것을 재확인해야 하는지는 여전히 의문이다.

정규교육을 받은 대한민국 국민이라면 대부분 눈을 감고도 한반도 지도의 모양을 그릴 수 있을 것이다. 요즘은 많이 사라졌지만 십수 년 전만 해도 형상화된 한반도 지도는 일상 속에서 쉽게 찾아볼 수 있었다.[10] 예를 들어《조선일보》는 1926년 1월 1일 이후 1999년 3월 1일까

10 우리나라 국토를 동물이긴 하지만 최초로 하나의 '몸'의 형태로 이미지화한 것은 일본인 지질학자 고토 분지로(小藤文次郎)의 '토끼 모양의 한반도'(1903)이다. 그리고 호랑이 모양으로 형상화한 것이 최남선이《소년》1호에서 실은 한반도 풍수형국도(1908)다(권선정, 76~79쪽; 목수현, 72~79쪽). 최남선의 호랑이 모양 한반도는 20세기 초에 무명작가에 의해 〈근역강산맹호기상도〉로 재탄생할 정도로 뜨거운 반응을 불러일으켰던 모양이다(배우성, 85쪽). 이 그림들은 뒤에 별첨했다. 배

지 한반도 지도 모양을 바탕으로 한 제호를 사용했으며,《동아일보》
도 1930년 1월 1일부터 1997년 12월 31일까지 한반도 지도 모양의 바
탕그림을 지닌 제호를 사용했다.[11] 또 민족주의와 진보주의를 동시에
표방한《한겨레》가 창간 이후 1994년 4월까지 백두산 천지를 형상화
한 그림 위에 조선시대《오륜행실도》에서 집자한 제호를 사용한 사실
도 흥미롭다.

그런데 이렇게 현재의 국경에 기반을 둔 국토의 형상화가 지나치게
역사 읽기에 침투했을 때, 발생하는 '문제'는 없을까?

〈자료 5〉(박은봉, 23쪽)와 〈자료 6〉(금현진 외, 2012a, 55쪽)은 각기 구
석기시대의 사람 뼈가 발굴된 유적지와 구석기시대의 유적 분포를 보
여주며, 〈자료 7〉(박은봉, 28쪽)은 신석기시대의 유적 분포를 보여준
다. 여기서 문제가 되는 것은 유적지들을 가두고 있는 지도다. 이러
한 형태의 지도는 다른 책들은 물론이고, 교과서에서도 흔하게 등장한

우성의 지적대로, 토끼건 호랑이건 한국의 국토가 그런 모양으로 상상되려면, 두
가지가 선결되어야 했다. 먼저 압록강과 두만강을 국경으로 인식해야 하고, 또 하
나 더 중요한 것은 그것이 지금의 모양에 가깝게 '지도화'되어야 한다. 전자는 정상
기(1678~1752)의 〈동국지도〉에 의해 최초로 해결되었고, 후자는 김정호(?~1866)
의 〈대동여지도〉(1861)가 어느 정도 만족스러운 결과를 내놓았다. 배우성은 한반
도를 사람의 몸에 비유한 조상들의 예를 소개하는데, 우선 이중환(1690~1752)은
"옛날 사람들에 따르면 우리나라는 서쪽으로 얼굴을 내밀어서 중국에 읍하는 노
인의 형상이라 한다"고 했다. 성호 이익(1681~1763)은 정상기의 〈동국지도〉를 보
고, "백두산은 머리가 되고 대령은 등성마루가 되어 마치 사람이 머리를 기울이고
등을 굽히고 선 것과 같다. 그리고 대마도와 제주도는 양쪽 발 모양으로 되었다"라
고 말했다(배우성, 87~90쪽). 목수현도 이중환의 이야기를 소개했다(73쪽). 그런데
이러한 인식이 일부 존재했다는 것과, 대부분의 국민이 국토의 모양을 지도로 인식
하게 된 것은 별개의 문제다. 후자의 양상은 지도의 대량 인쇄가 가능해진 인쇄술
과 인쇄자본의 성장을 기다려야 했다.

11 목수현은 무궁화와 지도로 꾸며진 동아일보 제호 그림을 실어놓았다(81쪽).

자료 5 구석기인 뼈가 발굴된 곳   자료 6 구석기시대 유적지

다. 사실 '우리나라' 안에 존재하는 구석기와 신석기 유적지를 표시한
것이니, 논리적으로 문제가 되지 않을 수도 있다. 그런데 이 구석기 유
적지와 신석기 유적지가 '우리나라 역사'[12]의 '구석기시대'와 '신석기시

12 '한국사' 또는 '우리 역사'는 자명한가? 이는 간단하게 답할 수 있는 질문이 아니다.
'한국'의 범주, 그 범주의 형성 시기, '우리', 즉 한민족의 범주 및 형성 시기 등의 문
제를 명시적으로 설명하는 일은 거의 불가능에 가깝다. 이 글에서 분석 대상으로
삼은 책들에서도 '한국사' 또는 '우리 역사'의 범주와 그 기원에 대한 정의를 명시하
지 않는다. 이는 우리 사회가 '국사'를 정의하는 데에 신중해졌음을 의미한다. 이
러한 태도는 다음과 같이 교과서 집필 기준에도 영향을 미쳤다. "원래부터 한국인
이 있었던 것이 아니라 우리는 역사를 통해 한국인이 되었다. 이처럼 한국인으로
서의 정체성을 형성해온 과정을 이야기하는 것이 우리 역사이며, 한국사가 전근대
에는 주로 동아시아, 근대 이후에는 세계와의 연관성 속에서 전개됐다는 점에 주
의를 기울인다."(교육과학기술부, 1쪽) 이는 이전의 교과서와는 사뭇 다른 태도다.
2002년에 발행된 국정교과서 《중학교 국사》는 머리말에서 "우리의 역사는 우리

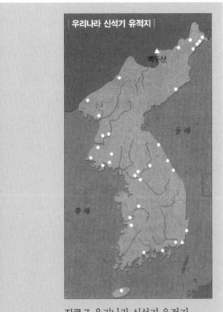

자료 7 우리나라 신석기 유적지

대'가 되어버리면 이야기가 복잡해진다.

사실 이 지도들을 둘러싼 설명들은 이 문제에 대해 신중하지만, 책 자체의 목차는 명시적으로든 암묵적으로든 이들 시기를 '국사화'하고 있다. '한반도와 만주'를 한국인의 역사적 무대로 간주하든, 동아시아의 '역사' 속에서 '한국인'이 형성되어왔다고 설명하든,[13] 이 지도들과 같이 한반도 지도 안에 속하는 신석기와 구석기 유적지만을 '한국사'의 영역에 포함시키는 것은 논리적으로 자기모순이다. 당장 신석기에서 이어져야 할 청동기시대의 역사, 즉 고조선의 역사부터 설명하기 곤란해진다.[14]

민족이 걸어온 발자취이자 기록이다"라고 정의하고, 'Ⅰ 우리나라 역사의 시작' '1. 선사시대의 생활' 〈학습 개요〉에서 "우리 민족의 생활 무대였던 만주와 한반도"를 명시하고 있다(국사편찬위원회 외, 2002, 8쪽). 그리고 1996년에 발간된 《고등학교 국사(상)》에서는 '한국사의 이해'라는 항목에서 "한국사는 한국인의 역사이다. 한국사의 주인공은 한국인이다. (……) 한국인은 만주와 한반도에 자리 잡고 역사적 삶을 영위해왔다. 그 후 활동 무대가 한반도로 좁아지기는 했으나, 우리 민족은 (……) 한국사는 한국인의 역사적 능력으로 전개되어온 역사이기에 한국사의 인식은 무엇보다 먼저 한국인에 초점을 맞추어야 한다"라고 하여, 한국사의 정의와 범주를 분명히 하고 있다(국사편찬위원회 외, 1996, 7쪽).

13 위에 언급한 역사 교과서 집필 기준에서는 "한반도와 만주 등지에서 다양한 구석기, 신석기 문화가 등장하였음을 이해할 수 있도록" 하라고 권장했다(교육과학기술부, 1쪽).

14 물론 이에 앞서 신석기 문화와 청동기 문화의 상관관계를 증명하는 작업이 이루어

자료 8 고조선 전기의 세력권

〈자료 8〉 지도(금현진 외, 2012a, 170쪽)에서 보이는 만주 지역의 청동기 유적지들은 신석기시대와 어떻게 연결할 것인가. 국경 너머에 구석기 유적지나 신석기 유적지가 없었던 것도 아니다. 〈자료 8〉 지도의 타당성을 강화하기 위해서라도, 혹은 '한국인'과 '한국의 역사'는 만주 지역과 한반도 지역에 거주했던 다양한 문화 집단의 '융합'의 역사를 거쳐 형성되었다고 설명하기 위해서라도, 국경을 지우고 국경 너머의 유적지를 함께 표시하는 것이 낫지 않을까?[15] 즉 구석기와 신석기시대 유적지들에 대하여 '역사적 귀속'을 강요하지 않고, 말 그대로의 '선사시기'로 내버려두는 것이다.

그런데 국경 안에 갇힌 고고학 성과물은 엉뚱한 데에 이용된 역사가 있다. '수십 년간에 걸친 스스로의 연구 성과를 전면 부정한' 1993년 북한의 단군릉 발굴 발표가 그것이고, 2000년 일본에서 발생한 구석

져야 할 것이다. '한국사'에서 이러한 작업이 체계적으로 이루어진 흔적은 아직 발견하지 못했다.

15 이 문제에 관한 지적은 중·고등 교과서에 실린 지도들을 분석한 글에서도 이루어진 바 있다(강종훈, 2008, 232~233쪽).

기 유적 날조 사건이 그것이다.[16] 북한의 비상식적인 단군릉 발굴 주장은 '민족의 시조' 단군이 평양에 근거지를 두었음을 증명하는 데에 목적이 있었다. 그리고 일본 도호쿠 구석기 문화연구소 부이사장 후지무라 신이치(藤村新一)에 의해 저질러진 날조 사건의 목적은 일본의 구석기시대를 70만 년 이전으로 끌어올리는 것이었다. 주지하는 바와 같이, 구석기시대 유적지는 현생 인류와의 관련성도 의심되고, 그 시기 지형도 지금과 달랐다고 하는데, 왜 이러한 사건이 일어난 것일까? 이는 근대에 형성된 현재 국경에 의해 만들어진 '국토'의 형상을 역사에 투영하고, 거기에 '생명'을 불어넣었기 때문일 것이다.

위의 사례와 같이, 근대적 산물인 현재의 '국경'에 의해 역사적 귀속의 타당성을 부여받은 신석기 유적지들과 구석기 유적지들은 자신이 속한 역사적 유기체가 얼마나 일찍 태어나고, 또 '정상적으로' 잘 자라왔는지를 보여주는 데 동원되기도 한다.[17] 10만 년 전에 이 땅에 살았다는 '역포 아이'나 '덕천 사람'은 현재 이 땅에 사는 사람들과의 관련성이 부정됨에도 불구하고, '뿌듯함'과 동시에 '안타까움'의 대상으로 묘사된다. 전곡리의 주먹도끼는 '위대한' 발견으로, 또 대단한 자랑거리로 기술된다. 그러나 그 공간적 범주가 왜 함경도에서 제주도까지여야만 하는지는 말해주지 않는다. 지난 10여 년간 중화인민공화국의 '동북공정'에 흥분하고, 그들의 중국사 범주에 대한 인식을 역사 왜곡이라고 비웃었지만, 한국사 교과서와 이에 기반을 둔 역사책들의 '한국사' 범주 인식도 크게 다르지 않은 것 같다. 한국사 또한 한반도(대한민국+조선의 영토)를 절대적 기준

---

16 권오영은 2005년 한국 사회를 시끄럽게 했던 '서울의 전방후원분' 발견 해프닝 사건을 성토하면서, 이 사건들을 이와 같은 표현으로 언급했다(2006, 94쪽).

17 베네딕트 앤더슨은 이러한 현상들을 '기원적 현재(originary present)'라는 개념을 사용하여 설명했다(앤더슨, 260쪽).

으로 하여, (원래의 활동 무대인) 만주를 더한 공간 범주를 '한국사'를 규정하는 가장 중요한 기준으로 삼고 있다. 다만 이 공간에 거주한 모든 인간 집단을 그 주체로 인정하는 것이 아니라, '예맥'과 '한', 그리고 그 후손들에게만 시민권을 부여하는 것이 중국과 다르다.

지금까지 살펴보았듯이, 고대의 역사를 설명하는 지도 속에 내용의 맥락과 관계없이 '그려지는' 현재의 '국경'은 '국토'를 재현하고 강조하는 '교육적 효과'를 가질지도 모르겠다. 그러나 한편으로는 다양한 역사적 상상력을 제한하고, 역사를 바라보는 시선을 왜곡하는 장치가 될 수도 있다. 따라서 지도에 현재의 국경을 표시할 때는 신중해야 할 것이다.

3. '그리는 것들': 영역, 지배, 교류……

이 글에서 검토한 역사책들도 '한국사' 교과서로부터 자유롭지는 않았다. 이들 5종의 도서들은 각기 권별 및 장절 제목이 다르지만, 정부 당국의 교과서 집필 규정에 따른 한국 고대사 체제, 즉 '(1) 문명의 형성과 고조선의 성립, (2) 삼국의 성립과 발전, (3) 통일신라와 발해의 발전'의 기준(교육과학기술부, 1~8쪽)[18]에서 크게 벗어나지 않는다. 그리고 그 내용이나 지도들 또한 몇몇 예외를 제외하면,[19] 대부분 교과서 내용

---

18 2002년에 초판 발행된 《중학교 국사》에서는 "I. 우리나라 역사의 시작, II. 삼국의 성립과 발전, III. 통일신라와 발해"로 구성된다(국사편찬위원회 외, 2002).

19 예를 들면, 전통적으로 학계에서 논쟁이 되어온 부분에 대해서는 교과서와 다른 목소리를 내기도 했다. 대표적인 것이 '백제의 요서 진출설'이다. 학계에서는 부정적 의견이 대세이지만, 교과서에서는 3차 교육과정 이후 줄기차게 싣고 있는 내용이다. 《청소년》은 교과서의 주장을 그대로 담고 있고, 《편지》는 다른 설명 없이 교과서의 지도와 비슷한 지도를 '백제의 전성기와 해외 교류'라는 제목으로 실

을 충실히 반영하고 있다. 이는 주요 독자층이 학교에서 교과서를 바탕으로 시험을 치러야 하는 초, 중, 고등학교 학생인 만큼 어쩌면 당연한 일인지도 모르겠다. 따라서 '영역'이나 '지배', '교류' 등의 주제와 관련된 내용이 주로 '그리는 것들'이 되었다. 이 주로 '그리는 것'들을 일일이 살펴볼 필요는 없을 것이다. 어떤 것이 많이 소개되었는지를 간단하게 살펴보고, 그것들이 어떤 양상으로 지도에 나타나는지를 문제삼고자 한다.

우선 점(point)으로 표상된 내용을 보면, 역시 각 정치체의 '수도'를 표시한 경우가 가장 많았는데, 평양성과 국내성, 사비, 금성(서라벌; 경주) 등이 가장 많이 등장하였다. 그리고 수도와 결을 같이하는 것이지만, 지방 행정의 중심지들(9주 5소경, 5방, 발해의 5경)이 소개되었다. 유적지도 점의 형태로 표기되었는데, 구석기와 신석기 유적지, 청동기 유적지, 중원고구려비, 진흥왕 순수비 등이 자주 등장하였다. 자연 지명으로는 산이 많이 표시되었는데, 앞서 언급했듯이 '백두산'이 가장 많이 등장했으며, 발해의 '동모산'과 신라의 9선종을 품고 있는 산이 빠지지 않고 소개되었다. 고개로는 '죽령'이 비교적 자주 등장했다. 그리고 교류와 연결된 현재 지명들(주로 대륙)도 제법 등장했다.

선(line)으로 표상된 요소를 보면, 가장 많이 등장하는 것은 역시 강이었다. 비록 이름이 생략되더라도, 한반도의 주요 강을 중심으로 만

고 있다. 《교실》은 〈4세기 말 백제의 영토와 대외 관계 지도〉에서 요서 지역과의 관계를 '교류 관계'로 표시하고, 해당 서술에서 '진출해서 활발하게 교역 활동을 한' 것으로 그 내용을 바꾸어놓았다. 《용선생》은 동진 및 일본과의 교류만 강조할 뿐, 요서 진출설에 대해서는 전혀 언급하지 않았다. 《우리 역사》의 경우, 교과서의 내용과 논쟁을 비교적 상세히 설명하면서, 학계의 새로운 설을 함께 소개하고 있다. 그 밖에 한사군의 위치를 표시한 지도들이나 교과서의 내용에서 벗어난 발해에 대한 서술 등도 그 예가 될 것이다.

주와 대륙의 주요 강들이 바탕에 깔리는 경우가 많았다. 그리고 이름이 함께 표시되는 경우는 압록강과 두만강이 압도적으로 많았으며, 그 다음으로는 한반도의 주요 강과 만주의 랴오허강과 쑹화강 등이 자주 표기되었다. 압록강과 두만강은 역시 단순한 '강' 이상의 역할을 부여받고 있었다. 강 다음으로 많이 등장하는 것은 정치체 간의 경계를 보여주는 '국경선'이었다. 가끔 행정구역 사이의 경계도 실선 혹은 점선으로 표시되었다. 이 경계선들 다음으로 많이 등장하는 선은 화살표 혹은 선으로 표시되는 '전쟁 경로', '진출 경로', '교역로(교통로)' 등 정치체 혹은 지역들 사이의 관계를 나타내는 선이었다.

면(polygon)으로 표상된 구성 요소 중 가장 많은 것은 중요 정치체 혹은 종족체였다. 고조선을 비롯한 예맥 계통 정치체(혹은 종족체)와 삼한, 고구려, 신라, 백제, 가야, 발해 그리고 만주의 숙신과 동호 계열의 정치체(종족체), 몽골 지역을 지배했던 흉노의 후예, 중원을 지배했던 왕조의 이름 들이 등장했다. 특징은 한반도와 만주 지역의 정치체는 면으로 표시되는 경우가 많았지만, 나머지는 이름으로 대체되는 경우도 많았다는 점이다. 그리고 이 면들은 채색, (색의) 농담, 선 등 다양한 형태로 표시되었다. 지방 행정구역(한사군, 9주 5소경과 발해의 5경 15부)도 면으로 표시되는 경우가 있었다.

앞서 언급했듯이, 책의 서술 자체가 정치제도사 위주였다. 따라서 그와 관련된 내용이 주로 등장하는 것을 문제 삼기보다는, '영역, 지배, 교류' 등의 주제를 표시하는 태도 혹은 경향을 살피는 데 관심을 가졌다. 많은 지도들이 이 주제들을 표현하면서 적지 않은 기술적 문제를 드러냈고, 또 교묘하게 '국사'의 '안'과 '밖'을 선험적으로 구분하는 태도를 보여주었다. 즉 같은 성격의 역사적 행위라도 '국사'의 성분과 '외국사'의 성분에 대한 태도가 달랐다. 그리고 (대외) 교류를 설명

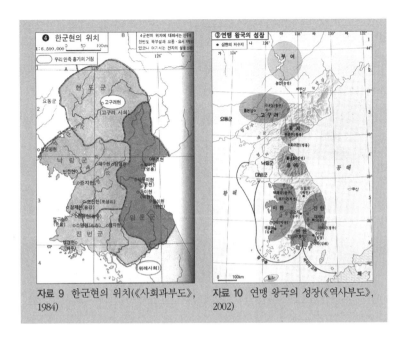

자료 9 한군현의 위치(《사회과부도》,
1984)

자료 10 연맹 왕국의 성장(《역사부도》,
2002)

할 때, 화살표는 늘 '해외'로 향했다. 또 삼국 사이에는 늘 '통일(통합)'
을 위한 '형제'들 사이의 다툼만 존재할 뿐, '대외 교류'는 표현되지 않
았다. 몇 가지 예를 들어 이 문제를 살펴보자.

교과서에서 한사군은 언급은 되지만, 그 위치가 모호하게 서술된
다.[20] 그리고 언제부터인가 한사군의 위치가 표시된 지도는 교과서에
서 사라졌다. 낙랑군조차도 거의 언급되지 않는다. 그 이유는 〈자료 9〉
의 1984년 초판 지도(김상호 외, 106쪽)가 잘 보여주는 것 같다. '한군현
의 위치'라는 이름이 붙은 이 지도는 한사군의 위치와 범주를 표시하고
있다. 그리고 이 지도에는 "4군현의 위치에 대해서는 만주의 한반도 북

---

20 이부오에 따르면, 제4차 교육과정(1982)의 고등국사 교과서에서는 한사군의 위치
     에 관한 서술이 만주·한반도 혹은 요동·요서로 바뀌고, 제5차(1990)부터는 고조선
     일부로 바뀐다고 한다(225~267쪽).

자료 11 기원전 1세기 무렵의 한반도 지도

자료 12 서기전 108년~서기 3세기 초의 한사군

부설과 요동·요서 지방설이 있으나 여기서는 전자의 설을 소개한다"라는 설명이 있다. 반면 2002년 초판의 〈자료 10〉 '연맹 왕국의 성장'이라는 지도(김유철 외, 7쪽)에는 낙랑군과 대방군만 표시되어 있다. 그 이유는 이것이 한사군의 위치를 나타내는 지도가 아니기 때문이다. 대방군은 주지하듯이 3세기 초 요동의 공손씨 정권이 설치한 군현이다.

〈자료 9〉는 지도가 지닌 '폭력성'을 여지없이 드러낸다. 점선과 채색으로 이루어진 한군현의 영역은 국사 교과서에서 왜 이 지도를 꺼려하게 되었는지를 짐작하게 한다. 직접 지배를 의미하는 '군현'의 용어와 그 지배 영역을 시각화한 이 지도는 고조선 영역에 대한 한제국의 직접적 지배와 '영토화'라는 인식을 강요하는 인상을 준다. 아울러 일제의 조선 식민지화를 연상하게 한다. 그러나 실제의 '한사군'은 '변군'이었다. 한대의 '변군'이 '내군'과 달리 '군현제'의 원리와 '책봉조공제도'의 원리가 결합된 체제에 의해 운영되었다는 것은 이미 오래

자료 13 고조선 땅에 세워진 한사군

전에 밝혀진 사실이다(김한규, 151~190쪽, 281~382쪽). 낙랑군 관할하의 현지 주민들이 '국읍'의 형태로 '고속'에 의한 자치를 행했음을 밝히는 연구가 제출된 것(권오중, 1992)도 20여 년 전이다. 문제는 이러한 복잡하고 다층적인 지배체제를 지워버리는 '지도'에 있다. 이 점에서 〈자료 9〉의 지도는 매우 폭력적이다.

이 글에서 다룬 책 중 3종이 교과서의 태도와 달리 한사군의 위치를 담은 지도를 싣고 있다. 〈자료 11〉(오강원, 140쪽), 〈자료 12〉(박미선, 212쪽), 〈자료 13〉(금현진 외, 2012a, 204쪽)에 보이는 한사군 표시 지도들은 각기 모양은 조금씩 다르지만, 기본적으로 〈자료 9〉《사회과부도》의 설을 따르고 있다. 그러나 〈자료 9〉와 달리, 경계선을 단순화하거나 군들 사이에 여백을 두어, 실제 경계와 영역이 아니라는 인상을 준다. 물론 복잡한 지배 방식을 표현하는 문제를 완전히 해결하지는 못했다. 또 이들 책이 한사군의 존재와 위치를 표시했다고 해서, 그에 대한 서술이 우호적이거나 중립적인 것은 물론 아니다. 오히려 매우 부정적이다. 특히 한사군 설치 이후 조선 사회 법체계의 변화(8조→60조)에 대한 설명은 다소 감정적이기까지 하다.[21] 이러한 해석은 한사군의 설치를 일제의 식민지

---

21 《우리 역사》에서는 고조선의 8조 법금이 60여 조로 늘어나는 과정을 설명하면서, "그래서 도둑질하는 사람이 없었고, (……) 집의 문을 닫아거는 사람도 없었다고 합니다. 그러나 고조선이 망하고 한나라에서 고조선 땅에 군현을 두면서부터는,

지배와 수탈을 연상시키는 방식으로 기술한 과거의 교과서에 뿌리를 둔 것이다.[22]

'고조선 유민들은 한의 억압과 수탈에 적극적으로 대항'했다는 것은 사실이었을 것이다. 임둔과 진번 두 군이 수십 년 안에 폐지되었고, 현도군이 3차에 걸쳐 그 위치를 이동한 것은 고조선 지역 유민들의 저항을 전제하지 않고서는 이해하기 어렵다. 그런데 단순히 다른 나라의 간섭으로 풍속이 각박해지고 법률이 증가하게 되었다는 설명이나, 유민의 저항이 법률의 증가를 부르고 그것이 풍속을 각박하게 만들었다는 설명은 조금은 단순해 보인다. 법조문의 증가 원인을 8조 법금이 60여 조로 늘어나는 과정을 보여주는 사료는 두 가지인 듯하다. 하나는 《한서》 〈지리지〉의 기사이고,[23] 다른 하나는 《후한서》 〈동이열전〉의 기사다.[24]

다른 나라의 간섭을 받게 되니 사회가 분열되고 풍속도 나빠져 법령이 60여 조항으로 늘어났답니다" 하고 적고 있다(박미선, 183쪽).

22 "한나라는 고조선의 영토 일부에 한나라의 행정구역인 군과 현을 설치하였다. 고조선 유민들은 한의 억압과 수탈에 적극적으로 대항하였고, 이에 한 군현은 엄격한 법을 만들어 유민들을 통제하려 하였다. 이 시기에는 8개의 법률 조항이 60개 조 이상으로 증가하였고, 풍속도 각박해져갔다."(양호환 외, 38쪽) 비슷한 내용 서술이 《고등학교 국사(상)》(국사편찬위원회 외, 1996, 31쪽)에도 있다.

23 《한서》에서는 이와 관련하여 두 가지 사실을 전한다. 하나는 한의 군현이 설치된 이후, 도읍에 점차 한 군현의 관리나 중국 상인들을 본받아 중국의 기물들을 사용하는 사람이 많아졌다는 것이다. 도읍은 낙랑군의 도읍을 말할 것이다. 다른 하나는 요동군에서 차출된 관리들이 조선 사람들이 문을 잠그지 않는 것을 보고, 상인들이 다녀가고 나면, 밤에 도둑질을 했다는 것이다. 이로 인해 풍속이 점차 박해졌고, 법금이 많아져서 60여 조에 달했다고 설명한다(《漢書》 권28하 〈地理志〉 제8하, 1658쪽).

24 《후한서》에서는 서기 20년 단단 대령 이동의 옥저와 예맥에 설치되었던 동부도위관을 폐지하기까지의 과정을 설명하면서, "내속 이후에 풍속이 점차 박하여지고, 법금이 점차 많아져서 60여 조에 달하였다"고 적었다. '내속'이란 임둔군이 폐지된

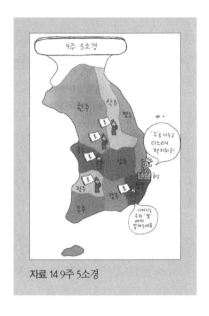

자료 14 9주 5소경

그런데 이들 기사가 보여주는 맥락은 장기간에 걸쳐 한제국의 관리 및 상인들과 접촉하면서 고조선 사회가 점점 복잡해져가는 모습이다. 낙랑군을 통해 한제국과 직접 접하게 되면서, 조선 예맥 사회는 비교적 오랜 시간에 걸쳐 조금 더 복잡해진 것이다. 이에 따라 법률도 복잡해졌고, 초기의 순박했던 풍속은 야박해졌다. 특히 《한서》의 기사는 중국의 성인 기자가 만든 '8조 법금'이 타락하였음을 안타까워하면서도, 여전히 기자의 교화를 받은 '동이'가 가장 순종적임을 칭양하고 있다. 신라가 백제 지역을 통치하는 과정에서 이러한 현상이 나타났다면, 사회가 발전한 모습으로 평가했을지도 모른다.

〈자료 14〉(금현진, 2012c, 53쪽)와 같이, 교과서와 역사책들은 통일신라를 다루면서 예외 없이 '9주 5소경'의 설치를 다루고, 그 지도를 싣고 있다. 지도만 보면, 관료의 파견을 통한 '군현적 지배'를 완성한 것처럼 보인다. 이러한 모습은 발해의 5경 15부를 그린 지도들에서도 드러난다. 이는 책 내용의 문제라기보다는, 앞서 살펴본 바와 같이 단순화하고 평면화된 지도의 표현 방식이 가진 문제다.

뒤 낙랑군에 속하게 하고 '동부도위'를 설치한 것을 말한다(《後漢書》 권85 〈東夷列傳〉, 2817쪽).

그리고 다른 문제지만, 9주 5소경이 설치된 것은 백제와 고구려 정벌이 끝나고, 나당전쟁이 끝난 뒤였다. 이 과정에서 중앙과 지방, 진골과 6두품, 귀족과 평민 사이의 차이와 차별에 관해서는 언급하지만, 나라를 잃은 백제인과 가야인, 그리고 고구려인의 신라에 대한 '저항'과 '비참'에 대해서는 따로 언급하지 않는다. 이는 분명 한사군 설치에 대한 기술과는 다른 태도다. '국사'의 안

자료 15 고구려 산성

과 밖을 나누어 생각하는 것이다. 백제의 마한 정복과 5방 및 22담로 설치도 백제 왕의 업적일 뿐 아니라, 국가의 발전을 표지할 뿐이다. 또 고구려의 부여 통합과 말갈 복속은 담담하게 기술되고, 삼국 간의 다툼은 형제간의 다툼처럼 비쳐진다.[25] '전쟁'에 대한 이중적 태도를 잘 드러내는 것이 〈자료 15〉, 〈자료 16〉, 〈자료 17〉의 지도들이다.

세 지도는 모두 고구려의 성을 소재로 하고 있다. 〈자료 15〉의 지도(여호규, 200쪽)는 위성 지도에 고구려의 성(산성)을 모두 표시한 것이다. 요동 지역부터 한강 유역까지 고르게 분포한 것을 볼 수 있고, 고구려의 강역을 대략 짐작할 수 있다. 〈자료 16〉의 지도(여호규, 208쪽)는 국내성에 도읍한 시기의 방어선을, 〈자료 17〉의 지도(여호규, 209

---

25 이 모두는 아마도 베네딕트 앤더슨이 지적한 망각/기억되어야 할 '형제 살해'의 기억의 개념으로 설명할 수 있을 것이다(앤더슨, 253~258쪽).

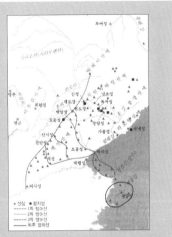

자료 16 국내성 시기 방어체계   **자료 17** 평양 천도 후 방어체계

쪽)는 평양성에 도읍할 때의 방어선을 개념화하고 있다. 모두 성을 기반으로 한 방어선이다. 그런데 이들 방어선은 서북 방향으로만 제시된다. 심지어 국내성에 도읍했을 때도 그렇다. 물론 고구려의 전쟁이 서북면에서 많이 일어나긴 했지만, 고구려는 남쪽과 동북쪽으로는 방어선을 구축할 필요가 없었던 것일까? 그럴 리가 없다. 그렇다면 남쪽과 동북쪽의 저 많은 성을 왜 쌓았겠는가? 다만 우리의 역사책이 남쪽과 동북쪽으로의 방어선을 중요하게 여기지 않을 뿐이며, 설명할 필요가 없을 뿐이다.

또 '국사'를 구성하는 성분들의 '대외 교류'는 거의 늘 '해외', 즉 한반도와 만주 바깥을 향해 있다. 〈자료 18〉(금현진 외, 2012b, 63쪽)과 〈자료 19〉(금현진 외, 2012b, 15쪽)의 지도를 보자.

〈자료 18〉은 따로 제목을 붙이지 않았지만, 4세기 백제의 전성기에 동진과 왜 사이를 중개하며 활발한 '대외' 활동을 하는 모습을 보여준다.

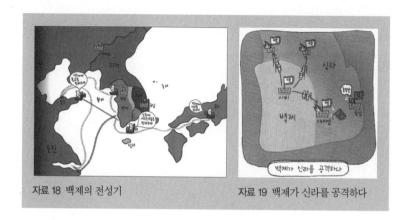

자료 18 백제의 전성기   자료 19 백제가 신라를 공격하다

〈자료 19〉는 의자왕의 신라 공격을 지도로 나타낸 것이다. 〈자료 18〉처럼 3국(혹은 4국)의 '대외' 교류는 늘 바다로 향한다. 우리가 알고 있는 수많은 삼국 간의 문화적, 경제적 교류의 사례는 '대외' 교류가 아니라 내부 거래로 여겨졌기 때문일 것이다. 그리고 대외 교류의 관계는 여전히 오래된 패턴을 유지하는 경향이 있다. 즉 중국에서 들어오고 일본으로 전파하는 일방적 관계가 여전히 많은 지도들을 지배한다. 반면 지도들에서 그려지는 삼국 사이의 관계는 언제나 '전쟁' 또는 전쟁을 위한 '동맹' 관계뿐이다. 그리고 이들 전쟁은 '대외 항쟁'과 구분되는 경향이 있다.

이러한 태도 탓에 신라의 '삼국 통일'도 종종 도전의 대상이 된다. 《편지》에는 '신라의 통일'에 대해 이렇게 서술하고 있다. "그런데 왜 흔히들 신라의 삼국 통일, 또는 통일신라라고 하는 걸까? 통일신라라는 이름은 언제 생겼을까? 신라인들 스스로는 통일신라라는 이름을 사용한 적이 없어. 놀랍게도 통일신라라는 이름을 맨 처음 사용한 것은 일제시대에 우리나라 역사를 연구한 일본 학자들이었단다. 이들은 우리나라를 식민지로 지배하기 위해 우리 역사를 연구하면서 통일신라라는 이름을 만들어냈어. 신라가 통일한 것은 삼국이었다고 하면서 고구려의 웅대한 역사와 영토를 우리 역사에서 슬쩍 밀어내버린 거란다."(박은봉, 178쪽) 그래서 '남북국 시대론'이 만들어지고 받아들여졌겠지만,[26] 발해사를 한국사에 귀속시키는 것이 그렇게 간단한 일인지는 조금 더 생각해보아야 할 문제다.

지금까지 역사책의 지도들이 주로 그리는 '영역, 지배, 교류'의 주제가 표현되는 방식의 특징을 살펴보았다. 먼저 다양하고 복잡한 역사상을 지워버리거나 단순화시키는 영역 표시가 지니는 문제를 지적했다. 그리고 나중에 '국사'의 성분이 되는 요소들(정치체들)은 선험적으로 국사 안에 존재하는 것으로 취급되는 경향을 확인했다. 이들 정치체 사이의 전쟁과 정복 그리고 지배는 '통일'과 '통합'의 과정으로만 여겨졌고, 이들 국가들의 '대외 교류'는 해외 국가들과의 교류를 의미했다. 그리고 '내적' 영역 문제와 관련하여, 직접 지배와 간접 지배의 차이를 인정하지 않는 태도 또한 보이는데, 이에 대해서는 다음 장에서 같이 다룰 것이다. 이렇듯 '국사'의 성분들을 '안'으로 규정하는 기술의 방식은 동북공정에서 고구려사와 발해사를 중국사에 귀속시키는 방식과 크게 다르지 않다. 중국의 '민족관계사'에서 '중국' 국가와 '소수민족' 국가 사이의 책봉조공 관계는 중앙정부와 지방정권(정부) 사이의 내부적 통치-피통치 관계이며, 양자 간의 전쟁은 통일 전쟁일 뿐이다.

4. '그리지 않는 것들', 그리고 '그려지지 않은 것들'

이 글에서 검토한 지도 중에는 어떤 요소를 아예 그리지 않거나, '전

---

26 발해와 신라를 하나의 시대 격으로 한국사에 포함시키는 '남북국 시대론'은 2002년 제7차 교육과정부터 역사 교과서에 포함되었다.

체'와의 관계를 생략한 채 '그것'만 그리는 것도 있었다. 고구려와 발해 속에 포함된 '말갈', 그리고 '왜'의 존재를 연상시키는 영산강 유역의 '장구형 무덤들'이 대표적인 예다. 또 주변적 요소들이기는 하지만 '자연스럽게' 생략되거나 축소된 것도 있다. '탐라(국)'이나 동남아시아, 각 국가의 주변부 등이 그렇다. 이러한 사례들은 근대 국민국가의 영토적 통합성을 '지리적 신체(geo-body)'로 신성화하는 '영토순결주의'와 '역사의 변경'을 국경에 가두고 하나의 민족사로 본질화시키는 '기원주의'를 잘 보여준다. '영토순결주의'와 '기원주의'는 '국사' 패러다임이 갖는 전형적 속성의 일부다(임지현, 19~34쪽).

교과서에서 '남북국 시대'를 설정하였지만, '발해'가 한국사에서 시민권을 완전히 획득했는지는 여전히 의문이다. 앞서 언급한 '집필 기준'은, "발해의 주민 구성에 대하여 '지배층은 고구려 유민, 피지배층은 말갈'이라는 이분법적인 서술을 지양하고, 고구려 유민을 중심으로 일부 말갈인의 도움으로 이루어졌다는 점을 이해할 수 있도록 서술할 것을 권장"하고 있다(교육과학기술부, 7쪽). 그런데 이 글에서 검토한 책 중의 하나는 발해사가 한국사에 귀속됨을 강조하고는 있지만, 중국과 러시아의 입장을 함께 소개하고, 다음과 같은 문장으로 마무리하고 있다. "발해 역사를 두고 내 것이니 네 것이니 하고 다투는 데만 매달리다 보면 정작 발해의 본모습과 가치를 이해하는 일은 뒷전이 될지도 몰라."(금현진 외, 2012c, 171쪽) 이러한 서술은 〈집필 기준〉보다는 전향적이지만, 여전히 문제를 내포하고 있다.[27]

---

27 이성시는 이렇게 발해 자체에만 관심을 가지는 태도를 다음과 같이 비판했다. "멀리 과거로 거슬러 올라가 발해에 대해서만 열정적인 시선을 돌리는 데 비해, 발해 멸망 후부터 근대에 이르기까지의 역사에 대한 냉담한 자세는 두드러진 대조를 보이고 있다. 각국의 발해사 연구를 통해 이야기할 수 있는 것은 근대사의 망각이며,

자료 20 발해의 5경 | 자료 21 선왕 시절 발해와 신라 지도

　발해를 한국사의 일부로 간주하는 경우 가장 문제가 되는 것은 '말갈'의 존재다. 발해의 건국자인 대조영의 족속 문제도 있을 뿐 아니라, 주민 구성에서도 '말갈'이 다수를 차지하기 때문이다. 이것이 문제가 되는 이유는 '숙신'과 '읍루'를 조상으로 하고, '여진'을 후손으로 하는 계보를 가진 '말갈'은 한국사를 구성하는 고대 종족에 포함되지 않기 때문이다. 〈자료 20〉(박은봉, 198쪽)과 〈자료 21〉(윤재운, 155쪽)의 지도는 두 가지 점에서 문제가 있다.

　위의 두 지도는 발해의 행정구역을 표시한 지도인데, 둘 다 왜곡의 오해를 초래한다. 발해의 저 경계선도 의심스럽지만, 오른쪽 상단에 표기된 '말갈'의 정확한 명칭은 주지하듯이, '흑수말갈'이 되어야 한다. 물론 중국의 사서(《구당서》와 《신당서》)에 '발해'와 '말갈'이 병치되어 나타나기도 하지만, 그것은 엄연히 '발해말갈'과 '흑수말갈'의 줄임말

근대 기억의 소거라는 점이다. 고대와 현재를 직결하는 논의에서는 근대의 매개항을 거의 찾아볼 수 없다."(이성시, 142쪽)

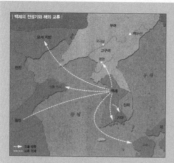

자료 22 백제의 전성기와 해외 교류　　자료 23 중학교 교과서 36쪽의 지도

표현이다. 고대의 종족들이 대부분 그렇지만, 말갈도 여러 부로 구성 되었는데, 이른바 '7부 말갈'이 그것이다(권은주, 2009; 김종복, 2011). 당 시 중국 사람들은 발해와 흑수말갈 모두 '말갈'의 일부로 파악했으며, 발해를 구성한 말갈의 제부(諸部)는 '발해'로, '발해'의 국가체제에 편입 되지 않은 흑수말갈은 말갈로 표기하게 된 것이다.

　둘째, 발해 안에 포함된(혹은 발해를 구성하는) '말갈'은 지도에 표기 되지 않는다. 아마도 말갈에게는 '국사'의 시민권이 부여되지 않았기 때문일 것이다. 이는 〈자료 22〉(박은봉, 123쪽), 〈자료 23〉(강종훈, 90 쪽),[28] 〈자료 24〉(박은봉, 109쪽)의 지도들과 비교해보면, 잘 드러난다. 이 지도들은 고구려 영역 내에 부여를 표기하고 있다. 부여가 고구려 에 복속되어 있다는 의미이거나, 이후 고구려의 영역 내에 부여의 영 역이 포함될 것이라는 예시일 것이다. 이에 비해 일찍이 고구려에 복 속하여 고구려의 정복전쟁에 기여한 백산(부) 말갈에 대해서는 그 '자 리'를 표시하지도 예시하지도 않는다. 한국 민족사를 구성하는 고대

28　여기에 재인용된 중학교 교과서는 2002년에 발행된 교육과학기술부의 국정 《국 사》 교과서(백제 전성기의 세력 범위, 4세기)다.

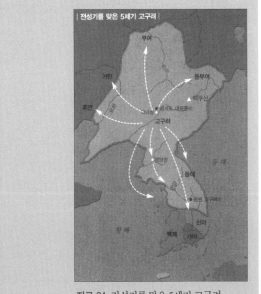

자료 24 전성기를 맞은 5세기 고구려

종족의 일부인 예맥은 그 '안'에 있어야 하지만, 그렇지 못한 '숙신(말갈)'은 '밖'에 존재해야 함을 암시하는 것은 아닐까. 아니 명시하는 것은 아닐까. 더구나 숙신과 말갈은 조선시대 내내 '야만시'되었던 여진의 조상이었다.

굳이 이 글에서 발해사 '귀속' 논쟁의 쟁점을 되풀이할 필요는 없을 듯하다. 임지현이 고구려사를 두고 제안했듯이(임지현, 34쪽), 발해사 또한 '발해인'들의 역사로, 그리고 동북아시아의 '변경'사로 내버려두는 것이 좋을지도 모르겠다. 또 한편으로는 이성시가 아프게 지적했듯이 (이성시, 142쪽, 144쪽), '만주'에 대한 한국 근대사의 '태도'와 '기억'을 되살리는 것으로 이 문제를 다시 검토해야 할지도 모른다.

한국사에서 불청객으로 배척되는 것이 '말갈'만은 아니다. '임나일본부설'로 인해 일찍부터 한국과 일본 사이에 '역사 분쟁'의 소재가 되었던 '왜' 또한 한반도에 존재하면 곤란한 존재였다. 〈자료 22〉, 〈자료 23〉, 〈자료 24〉 세 지도에서 전라남도 지역은 모두 백제와 같은 색으로 처리되어 있지만, 이 또한 생각해볼 문제다. 이 지도들 또한 앞서 한사군의 지도처럼 '복속'과 직접적 지배의 차이를 지워버리고 있다. 그리고 〈자료 25〉, 〈자료 26〉, 〈자료 27〉의 사진과 지도는 4세기에서 6세기 사이에 영산강 유역에 북부의 백제와 구별되는 집단과 문화가

자료 25 광주 월계동의 장구형 무덤   자료 26 일본의 전방후원분

존재했을 가능성을 보여준다.

〈자료 25〉(강종훈, 184쪽)는 영산강 지역에서 발굴된 장구형 무덤(전
방후원분)이고, 〈자료 26〉(강종훈, 185쪽)은 일본의 장구형 무덤이다.
〈자료 27〉(강종훈, 185쪽)은 이 무덤의 분포를 나타낸 지도다. 문제는
이러한 무덤 형태가 일본에서 먼저 유행했으며, 야마토 정권을 대표
하는 무덤 양식이었다는 것이다. 게다가 이 지역에는 토착 세력의 무
덤으로 추정되는 거대한 독무덤들이 발견되며, 4~6세기에 이러한 무
덤이 발견되는 것은 이 지역뿐이라고 한다. 그리고 6세기 중반, 이 지
역에 대한 백제의 직접적인 지배가 이루어진 이후에야 이러한 무덤
양식이 사라지고, 백제식 무덤 양식이 만들어지기 시작했다고 한다
(강종훈, 182~186쪽). 이러한 이야기들을 모아보면, 6세기 중반 이전까
지 이곳은 '마한'의 일부 집단과 '왜'와 연결된 집단 및 문화가 공존하
는 공간이었으며, 이들을 복속시켰다고 이야기되는 '백제'와도 구별되
는 공간이었다고 읽을 수 있다. 또 해석하기에 따라서는 왜의 한반도
남부 진출을 주장하는 '임나일본부설'의 근거로 이용되기에 충분했다.
〈자료 24〉가 대변하듯이, 교과서는 이 이야기를 군이 전하지 않는다.
2005년에 KBS 보도를 중심으로 벌어졌던 서울의 '전방후원분' 발견 소

자료 27 장구형 무덤이 있는 곳

동은 이 부분에 대한 '한국' 사회의 불안과 초조를 잘 반영하는 사건이었다.[29]

이러한 분위기 속에서 '고유한 문화와 외래문화가 뒤섞인 영산강 유역'이라는 별도의 항목을 만들어서 '독무덤'과 '장구무덤' 이야기를 비교적 자세히 소개하고 있는 《우리역사》4는 조금 특이하다고 할 수 있다.[30] 하지만 이 책도 이 이야기를 '지도화'하지는 못했다. 〈자료 27〉의 지도는 물론 영산강 유역에서 장구형 무덤의 분포를 보여주지만, 현재 지명과 유적지 위치를 표시하는 점만 있는, '건조하게' 느껴지는 유적지 분포도일 뿐이다. 이들 '유적지'들과 '백제'와 '왜' 등 전체 그림과의 관련성은 '차단'되어 있다. 그리고 이 책은 이 지역 왜인들의 존재에 대하여 4세기 후반 백제와 왜의 교류로 인한 결과라는 주장을 담은 설명을 소개하고 있다.[31] 그러

---

29 이 사건의 전개와 우리 사회 및 학계의 대응에 대해서는, 앞서 언급한 권오영의 글 (2006)에 잘 정리되어 있다.

30 물론 이는 어린이와 청소년을 대상으로 한 책이라는 점에서 그렇다. 이 책은 2005년에 초판이 발행되었는데, 1990년 후반 이후 2000년대 초반에 점차 활발해진 전방후원분에 관한 논쟁을 반영한 것이라 볼 수 있다. 2005년에 발생한 서울의 '전방후원분' 소동도 이러한 학계의 논쟁 활성화를 전제한 것이라 생각된다.

31 "4세기 후반 이후 이 지역이 백제와 왜가 교류하는 데 매우 중요한 길목이 되면서 자연스럽게 왜에서 건너와 머무르는 자들이 많이 생겼다. 이들이 백제 조정에 참여하여 벼슬을 얻은 다음 이 지역을 무대로 왜와 교섭하는 데 전념하다가 세상을 떠나자, 이 지역의 풍습을 따르지 않고 자신들의 고향 풍습대로 만든 무덤에 묻혔

나 중국 사서에 등장하는 '왜'와 관련된 기사들,[32] 당시 항해 기술의 수준 등을 고려하면, 더 이른 시기부터 한반도 남부, 특히 해안 지역에서 '왜'와의 연결 및 접촉이 시작되었으리라는 상상을 쉽게 지울 수 없는 것 또한 사실이다.

'말갈'과 '왜'의 경우를 통해, '국사'의 영역 안에는 '그리지 않는' 역사상의 사례들을 살펴보았다. '예맥'과 '한' 그리고 그 후손들에게만 '시민권'을 허락한 '국사'이지만, 모든 외래 세력을 배척하는 것은 아니었다.

다."(강종훈, 185쪽) 이 이야기는 전방후원분 피장자의 성격을 둘러싼 여러 가지 설 가운데 '왜계백제관료설'을 소개한 것이다. 피장자의 성격에 관하여는, 대체로 '재지수장설'과 '왜인설'로 나뉘고, '왜인설'은 다시 '왜로부터의 이주자설'과 '왜계 백제관료설'로 나뉘어 경합하는 것으로 보인다(박천수, 26쪽).

32 (後漢 光武帝 中元2年; 57년) 동이(東夷) 왜노국(倭奴國) 왕이 사자를 보내 봉헌(奉獻)하였다(《後漢書》卷1下〈光武帝〉, 84쪽). 한(韓)은 대방(帶方)의 남쪽에 있는데, 동쪽과 서쪽은 바다로 막혀 있고, 남쪽은 왜(倭)와 접하여 있으며, 그 넓이가 四千里 남짓이다(《三國志》卷30〈魏書〉30〈烏丸鮮卑東夷傳〉第30〈東夷·韓〉, 849쪽).

지금 진한인(辰韓人)들은 모두 편두(編頭)의 머리모양을 한다. 남녀가 왜(倭)와 가까워서, 또한 문신을 한다(《三國志》卷30〈魏書〉30〈烏丸鮮卑東夷傳〉第30〈東夷·韓〉, 853쪽).

변진(弁辰)은 진한(辰韓)과 잡거하는데, 역시 성곽이 있다. 의복과 거처는 진한과 같다. 언어와 법속(法俗)은 서로 비슷하나, 귀신에 제사하는 것은 다른 점이 있다. 부뚜막을 만드는 것은 모두 문의 서쪽에 한다. 그 독노국(瀆盧國)은 왜(倭)와 경계를 접하고 있다(《三國志》卷30〈魏書〉30〈烏丸鮮卑東夷傳〉第30〈東夷·韓〉, 853쪽).

한(韓)은 세 종(種)이 있다. 하나는 마한(馬韓)이라 하고, 둘째는 진한(辰韓)이라 하며, 셋째는 변진(弁辰)이라 한다. 마한은 서쪽에 있는데, 54국이 있고, 그 북쪽은 낙랑(樂浪)과 남쪽은 왜(倭)와 접한다. 진한은 동쪽에 있는데, 12국이 있고, 그 북쪽은 예맥과 접한다. 변진은 진한의 남쪽에 있는데, 또한 12국이고, 그 남쪽은 또한 왜와 접한다(《後漢書》卷85〈東夷列傳〉第75〈三韓〉2818쪽).

마한인은 (……) 그 남쪽 경계가 왜와 가까워서, 또한 문신한 자가 있다(《後漢書》卷85〈東夷列傳〉第75〈三韓〉, 2819쪽).

단군신화의 환웅으로부터 박혁거세와 김알지, 김수로, 김수로의 부인 허왕후 등은 선주 집단이 아니라 이주 집단으로 해석된다. 그리고 오히려 국사에서 '어디인가'로부터 '선진 문물'을 가지고 온 이들 집단의 지배는 환영받았다. 또 신라 왕의 무덤에서 나온 화려한 유리병과 구슬 및 황금보검이 이 땅에서 만들어진 것이 아니라는 이유로 '안타깝게' 여겨지지 않는다. 오히려 이러한 수입품들과 '처용' 및 경주 괘릉의 무인석상 등은 '글로벌'한 교류와 교역의 증거로 칭양된다. 결국 '밖'에서 왔다는 게 문제가 아니라, 바깥 '어디'에서 왔는지가 문제인지도 모르겠다.

이제 '그리지 않는 것들'과는 다른 이유로 '그려지지 않은 것들' 혹은 생략된 것들의 사례를 조금 살펴보고, 이 장을 마무리하고자 한다. 이 범주에 속하는 요소들은 '중요하지 않아서' 자주 그리고 자연스럽게 생략된다. 또 그렇기 때문에 '무신경하게' 잘못 그려지기도 한다. 주로 주변적인 요소들이다.

지금까지 살펴본 지도 중에서 제주도에 '탐라'가 표기된 지도는 셋인데, 그중 둘이 교과서에서 나온 지도다. 교과서와 달리, 이 글에서 살펴본 책들에는 '탐라'를 생략한 경우가 적지 않았다. 앞의 〈자료 20〉, 〈자료 21〉도 마찬가지인데, 여기에서 주목되는 점은 둘 다 '탐라'라는 표기도 없이, 신라와 같은 색으로 채색되어 있는 점이다. 신라의 일부라는 의미일까? 일반적인 설명에 따르면, 탐라는 662년 신라에 항복하여 속국이 되었다고는 하나, 당과 왜와도 외교 관계를 유지했다. 그리고 1105년 고려의 군(郡)으로 편입되기 전까지는 '국(國)'의 지위를 유지한 것으로 되어 있다(나희라, 171쪽). 만약 '속국'이라는 의미에서 저렇게 설정했다면, 신라와 발해 또한 당의 '속국'으로서 당의 일부가 되어야 할 것이다. 신라가 당의 일부가 아니라면, 탐라 또한 신라의 일부가 아니어야 할 것이다. 〈자료 28〉, 〈자료 29〉, 〈자료 30〉의 지도들도 자세히 보면 '탐라'에 대한 처리가 이상하다.

이 세 지도(강종훈, 218~219쪽)는 백제의 한강 하류 유역 점유 여부를 시간 순서에 따라 표시한 것이다. 모두 탐라의 존재를 드러내고 있다. 그런데 가운데 지도에서만 탐라가 백제와 같은 색으로 처리되어 있다. 553년 이전이면서 551년이 포함된 일정 기간 동안 탐라가 백제의 영역

자료 28 475년, 고구려에게 한강유역을 빼앗기다

이 되었다는 뜻인 듯한데, 본문에는 이에 대한 설명이 없다. 따로 근거를 찾지도 못했다. 주변부에 대한 이러한 '무신경'은 여러 지도에서 나타나며, 특히 한반도를 벗어나면 더 자주 심하게 나타난다.

문제를 드러낸 지도는 많지만, 〈자료 31〉(송호정, 2006, 221쪽)은 상당히 흥미로운 지도다. 사소한 문제부터 지적하면, 현재 지명이 하나 틀렸는데, 사할린을 '홋카이도'라고 표기했다. 그리고 역사 지명이 하나 이상한데, 서남쪽의 '남소'는 〈자료 32〉에 보이듯이 '남조'라고 적어야 맞다. 그리고 토번의 수도 '라시에성'은 '나사성(邏些城)'의 만다린어 발음 표기와 유사해 보이는데, 많은 역사 지명 중 나사성만 유독 현대 발음 표기로 적은 이유가 궁금하다. 그리고 총령(葱嶺)을 도시명 낙양처럼 점을 찍어 표기했는데, 이유가 궁금하다. 주지하듯이 총령은 현재의 파미르 고원을 지칭하는 역사 지명이다. 또 회골 서편의 영역 표시 부분의 이름이 생략되어 있다. 결국 이 모두가 주변적 요소에 대한

자료 29 551년, 백제가 한강 유역을
되찾다

자료 30 553년, 한강 유역을 다시 신
라에게 빼앗기다

'무신경함'으로 읽힌다.

〈자료 31〉의 지도와 관련하여 정작 궁금한 것은 이것이 지시하는 바다. '당나라 후기 강역과 변방 각 종족의 분포'라는 제목이 붙은 이 지도는 '지금 우리에게 발해는'이라는 작은 제목 아래 유득공의 《발해고》 내용을 설명하고 난 뒤, "바로 역사를 먼저 찾아야" 한다고 주장하는 글 위에 배치되어 있다.[33] 그런데 이 지도의 채색 범주나 제목이 의미

---

33 특히 다음과 같은 서술은 '국사'의 심성을 넘어 국수주의적 시각이 여전히 남아 있음을 엿볼 수 있다. "유득공은 보았습니다. 발해는 고구려 사람들이 고구려 땅에 세운 나라임을 말입니다. 그는 이때부터 조선이 강해지려면 발해 땅을 찾아야겠다는 생각을 하게 되었지요. 만일 어떤 땅을 차지하려면 맨 먼저 무엇이 필요할까요? 일제강점기에 일본 사람들이 만주를 차지하기 위해 가장 먼저 만주 역사를 정리했다는 사실을 기억한다면 답은 바로 나옵니다. 바로 역사를 먼저 찾아야 합니다. 역사를 알아야 앞으로의 활동 방향과 목표를 세울 수 있으니까요."(송호정, 2006, 220~221쪽)

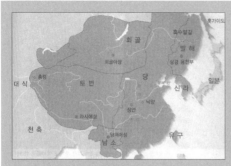
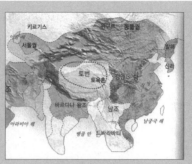

| 자료 31 당나라 후기 강역과 변방 각 종족의 분포 | 자료 32 세계는 지금: 7세기경 (부분) |

하는 바로 보건대, 진하게 채색된 부분(원자료는 녹색으로 채색)은 오늘날 중국에서 주장하는 '중국사'의 범주로 읽힌다. 발해, 흑수말갈, 회골, 토번, 남조, 유구 등은 '변방 각 종족'에 해당하면서, 동시에 '중국사' 체계 안에서 '지방 정권'에 해당하는 셈이다. 이렇게 그려진 이유는 이 지도가 탄치샹(譚其驤) 주편의 《중국역사지도집》 제5책, 36~37쪽의 '당 시기 전도(3)'(820년)을 바탕으로 했기 때문으로 추정된다. 이 지점에서 이 지도가 '그곳'에 배치된 '의도'가 궁금해진다.

〈자료 32〉는 중학교 역사 교과서에 실린 지도다(양호환 외, 82쪽). 7세기의 세계를 나타낸 지도의 일부다. 여기에서 문제 삼고자 하는 것은 세 가지다. 우선 운남 지역의 대표 세력으로 '남조'의 존재를 표기하고 있는데, 이는 역사적 사실과 차이가 있다. 남조가 운남 지역의 대표 세력으로 성장하는 것은 8세기부터다. 그리고 이 지도는 베트남 지역에서 당의 영토를 너무 과장하고 있다. 마지막으로 별다른 이유 없이, 일본 열도와 대체로 캄보디아 이남의 동남아시아 지역을 지워버렸다. 〈자료 33〉(금현진 외, 2012c, 64쪽)은 신라 시기 '동서 교역로'를 표시한 지도인데, '중요하지 않은' 요소는 과감히 생략해버렸다. 도서부

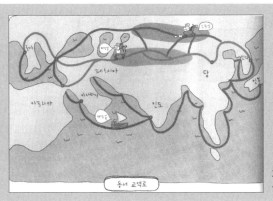

자료 33
동서 교역로

동남아시아 지역 또한 작은 섬 하나만 남겨두고 모두 지워버렸다. 남겨진 섬은 수마트라로 보인다. 그러나 황남대총에서 나온 구슬이 자바 섬의 동부 젬버 지역을 거쳐(지역에서 모방 제작되어) 들어왔다는 설도 있음을 기억한다면, 자바 섬을 그렇게 쉽게 지워버릴 수 있을지 궁금하다. 게다가 저 노선들은 대개의 경우 각 지역 상단 혹은 세력들의 '연쇄'에 의해 유지되었다.

지도를 그리는 것은 '위험한' 작업이다. 선택을 강요받을 뿐만 아니라, 그 선택의 결과가 바로 '시각화'되기 때문이다. 그럼에도 불구하고 역사책 속에 들어간 지도는 크게 중시되지 않는다. 이 글에서 일일이 지적하지는 않았지만, '이상하게' 그리고 '맥락 없이' '무신경하게' 그려진 내용이 적지 않았다. 아마도 책 속에서는 지도가 부차적 요소이기 때문일 것이고, 지도 안에서는 '중요하지 않은' 주변부적 요소들에 대한 '중심주의'의 시각이 작용하기 때문일 것이다. 그러나 이러한 사정에 대한 이해가, 지도가 드러낸 '결과'와 '시각'에 대한 양해로 이어지는 것은 아니다.

5. 점, 선, 면: 무엇을 어떻게 그릴 것인가

앞에서 살펴보았듯이, 작은 지면에 그리는 지도는 필연적으로 의도적 혹은 무의식적 선택과 배제의 과정을 거치게 된다. 문제는 그 양상이 왜 특정한 형태로 나타났는가 하는 것이다. 이 글의 가정은 이 양상의 근저에 현재의 국경과 영토를 고유한 것으로 인식하고, 거기에 유기적 생명을 부여하여, 그로부터 과거를 바라보는 '국사의 심성'이 있다는 것이다. 이러한 시각에 의해 만들어진 지도들은 나름대로 '효과'를 보여주기도 했지만, '문제'를 노출하기도 했다. 이들 효과와 문제를 비판적으로 검토하고, 그 대안을 모색해야 할 것이다.

역사책에 실린 지도들이 노정한 문제를 해결하는 가장 근본적인 방법은 책 내용의 서술 자체를 바꾸는 것이지만, 이는 쉬운 일이 아닐 것이다. 특히 시장의 특성상 교과서 체제에서 벗어나기 곤란한 어린이·청소년용 역사책의 경우 더욱 그러할 것이다. 그러나 지도는 책에 부속되어 있지만, 앞서 살펴보았듯이 그 특성상 필연적으로 책 내용으로부터 자유로운 부분도 갖게 된다. 또 시중의 역사책은 대체로 교과서보다 분량이 많다. 그리고 이 글에서 검토한 책들도 이미 '트랜스내셔널'한 내용을 담은 경우가 많았다. 다만 그 구성이 '내셔널'하게 만들어졌을 뿐이다. 특히 문화의 교류와 교역, 사람들의 이동에 관한 이야기가 그러했다. 예를 들어 흑요석과 토기, 조개 팔찌 등 신석기시대에 이미 바다를 건넌 흥미로운 교역의 이야기들이 실려 있었다(송호정, 2005a, 185~190쪽). 이러한 부분을 지도로 그리는 것은 어떨까?

기존 동아시아의 지질도나 광물 분포도, 고고학적 발굴 성과물의 분포도만 폭넓게 이용해도 좀 더 풍부하고 재미있는 지도들이 만들어질 것이다. 이를 통해 사람들의 이동과 교역, 교류를 추적할 수 있을 것이고, 이는 자연스럽게 정치적, 군사적 서사의 역사가 만들어낸 지도의 허구적 경계들을 지워나갈 수 있을 것이다. 물론 이는 역사학자의 몫이고 지리학자의 몫이기도 하다. 그리고 이들 정보들을 한데 모아서 지도로 그려주는 사람이 필요하다. 사실 우리나라에는 역대의 역사 지명을 정리하여 수록한 '역사 지도집'조차도 없다. 쉽게 가져다 쓸 만한 충실한 역사 지도집이 있었다면, 〈자료 31〉과 같은 의도가 불분명한 지도는 만들어지지 않았을 것이다. 어쨌든 기존의 내용에서도 지도로 그릴 만한 이야기가 많다. 그런 지도가 나오지 않는 이유는 '관심'과 '시각'의 문제일 뿐이다.

'영역, 지배, 교류'와 같은 전통적인 주제도 지도로 그려져야 한다. 문제는 어떻게 그려야 하는가일 것이다. 앞서 살펴본 '문제'들을 최소화하기 위해서 필요한 '기술적' 제안을 모아보았다.

역사 지도에서 '현재주의적' 관점, 그리고 '일국사적' 관점을 배제하는 첫걸음은 역시 현재의 국경을 그리지 않는 것이다. 혹 필요에 의해 국경을 그리고 현재 지명을 표시하더라도, 철저하게 역사 지도와 판을 달리하여 겹쳐놓는 방법이 요구된다. 많은 지도들이 이 둘 사이의 관계를 구분하지 않아서 쓸데없는 오해를 초래하고 있다.

전근대 시기의 '경계'는 선이 아니라 대역(帶域, zone)으로 표시되어야 한다는 데 많은 학자들의 의견이 모아지고 있는 것으로 보인다. 특히 고대의 경우는 더욱 그러할 것이다. 이는 경계 개념 자체가 그러한 측면이 있을 뿐 아니라, 경계 자체가 불분명한 경우도 많기 때문이다. 그래서 많이 사용되는 방법이 채색의 농담을 이용하거나, 이름만 표시하거나, 점선을 이용하여 '대역' 부분을 비워두거나 하는 것이다. 3세기 초의 상황을 보여주는 〈자료 34〉(오강원, 187쪽)는 채색의 농담을 이용하여 조금은 덜 위험한 방식으로 정치체(혹은 종족체)의 영역 혹은 세력 범위를

자료 34 3세기 초의 한반도 지도

표시하고 있다.

영역이나 경계를 표시하는 방법으로 추천할 만한 또 하나의 방법은 '점'의 집적이다. 각 정치체 혹은 문화권에 속하는 위치와 귀속이 확인된 점을 이용하면 대체적인 권역과 경계를 비교적 '안전하게' 표현할 수 있다. 〈자료 8〉과 〈자료 15〉가 여기에 가깝게 이용될 수 있을 것이다. 그런데 이 방법은 '확인된 점'이 일정 수 이상 존재할 때만 의미가 있다. 군현을 표시한 점으로만 497년 중국의 남조와 북조의 범주를 표현한 〈자료 35〉의 지도와, 여기에 당시 중국 남방의 비한인 종족인 '만', '이', '료'의 분포를 점으로 함께 표현한 〈자료 36〉의 지도가 좋은 예가 될 것이다.

앞서 언급한 바 있듯이, 평면에 다층적이고 다양한 지배 양식을 알기 쉽게 표현하는 것은 쉬운 일이 아니다. 대부분의 지도에서 이러한 복잡한 사정은 생략된다. 이러한 부분을 조금이나마 완화해줄 수 있는 방법은 '같이 그리는' 것이다. 예를 들어 간접적 지배 관계를 나타낼 때 다른 세력을 복속시켜 '간접적'으로 지배하는 큰 세력의 영역 안에 이름이나 점선 혹은 기타 방법을 이용하여 간접적으로 지배되는 세력의 존재를 표시하는 것이다.

그리고 이미 시도되고 있지만, 되도록 맥락을 넓게 잡아서 전체 속에서 개별 요소들 사이의 관계를 정확하게 표현한 지도를 그린다면,

자료 35 497년의 남조와 북조   자료 36 남북조 시기 만, 이, 료 분포

많은 노력과 '배려'가 필요하겠지만, 좀 더 안전한 지도가 될 것이다. 교류와 교역 등의 상호관계를 표현할 때는 되도록 쌍방향으로 다원적으로 그리도록 노력해야 할 것이다. 아울러 그 과정도 충실히 드러나도록 '신경'을 써야 할 것이다. 전근대 시기의 '비단길'이나 '초원의 길', 그리고 '바닷길'에 직항노선은 존재하지 않았다. 특히 고대에는 더욱 그러하였다. 이 길들이 이어진 것은 '연쇄'에 의한 것이었다. '가까운 고리'는 무시하고, '먼 고리'를 지나치게 중시하는 태도도 새로운 '문제'를 만들어낼 것이다.

---

* 이 글은 《역사학보》 218집(2013년 6월 30일)에 특집 논문으로 게재되었다.

참고문헌

《漢書》(중화서국 표점본).

《三國志》(중화서국 표점본).

《後漢書》(중화서국 표점본).

John Krygier, Denis Wood 지음, 신정엽·김감영·이건학 옮김, 《지도와 디자인》
      (제2판), 시그마프레스, 2013.

강종훈, 《아! 그렇구나 우리 역사 4: 백제》, 여유당, 2005.

_____, 〈중·고등학교 국사 교과서에 실린 역사 지도의 문제점과 개선 방향: 선
      사·고대 부분을 중심으로〉, 《역사교육》 106, 역사교육연구회, 2008.

교육과학기술부, 《2009년 개정 교육과정에 따른 교과 교육과정 적용을 위한 중학
      교 역사 교과서 집필 기준》, 2011.

국사편찬위원회, 1종 도서개발위원회, 《고등학교 국사》(상), 교육부(대한교과서
      주식회사), 1996.

국사편찬위원회, 국정도서편찬위원회, 《중학교 국사》, 교육과학기술부(주 두산),
      2002.

권선정, 〈지도는 세계를 있는 그대로 담아내고 있는가〉, 역사지리연구모임 안팎
      너머 편, 《역사지리학 강의》, 사회평론, 2011.

권오영, 〈무지와 만용이 빚은 최악의 오보, 서울의 전방후원분〉, 《고고학》 5-1호,
      중부고고학회, 2006.

권오중, 《낙랑군연구》, 일조각, 1992.

권은주, 〈靺鞨7部의 實體와 渤海와의 關係〉, 《고구려발해연구》 35집, 고구려발
      해학회, 2009.

금현진·손정혜, 세계로(기획), 《용선생의 시끌벅적 한국사 1: 우리 역사가 시작되
      다》, 사회평론, 2012a.

_____, 《용선생의 시끌벅적 한국사 2: 세 나라가 성장하다》, 사회평론, 2012b.

_____, 《용선생의 시끌벅적 한국사 3: 북쪽엔 발해 남쪽엔 신라》, 사회평론,
      2012c.

김상호 외, 《고등학교 사회과부도》(1983년 문교부 검정), 금성교과서(주), 1988.

김유철 외, 《고등학교 역사부도》(2001년 교육과학기술부 검정), (주)천재교육,
      2009.

김종복, 〈8세기 渤海와 靺鞨諸部의 대당교섭에 대한 기초적 검토-《册府元龜》朝貢·襃異條를 중심으로〉, 《역사문화연구》 39, 한국외국어대학교 역사문화연구소, 2011.

김한규, 《고대중국적 세계질서 연구》, 일조각, 1982.

나희라, 《아! 그렇구나 우리 역사 5: 신라 가야》, 여유당, 2005.

목수현, 〈한반도 지형의 시각적 표상-주체의 눈과 타자의 눈〉, 《동아시아문화연구소 2013년 국제학술대회 글로벌시대와 동아시아 문화의 표상(1) 자료집》, 한양대학교 동아시아문화연구소, 2013.

박미선, 《마주 보는 한국사 교실 2: 고대 왕국들이 서로 다투다》, 웅진주니어, 2008.

박은봉, 《한국사편지 1: 원시 사회부터 통일신라와 발해까지》, 책과함께어린이, 2009.

박천수, 〈영산강유역 전방후원분을 통해 본 5~6세기 한반도와 일본열도〉, 《백제연구》 제43, 충남대학교 백제연구소, 2006.

배우성, 《지리시간에 역사 공부하기》, 웅진주니어, 2009.

백유선·신부식·임태경, 《청소년을 위한 한국사》, 두리미디어, 1999.

베네딕트 앤더슨 지음, 윤형숙 옮김, 《상상의 공동체: 민족주의의 기원과 전파에 대한 성찰》, 나남출판, 2002.

송호정, 〈국사 교과서, 단군조선을 어떻게 서술하고 있는가〉, 《단군, 만들어진 신화》, 산처럼, 2002.

_____, 《아! 그렇구나 우리 역사 1: 원시시대》, 여유당, 2005a.

_____, 《아! 그렇구나 우리 역사 2: 고조선 부여 삼한》, 여유당, 2005b.

_____, 《아! 그렇구나 우리 역사 6: 발해》, 여유당, 2006.

양호환 외, 《중학교 역사》(상)(2010년 교과부 검정), (주)교학사, 2011.

여호규, 《아! 그렇구나 우리 역사 3: 고구려》, 여유당, 2005.

오강원, 《마주 보는 한국사 교실 1: 우리 역사의 새벽이 열리다》, 웅진주니어, 2008.

윤재운, 《마주 보는 한국사 교실 3: 남북국 시대가 펼쳐지다》, 웅진주니어, 2008.

윤 정, 〈국정 《국사》 교과서(2~6차) 수록 역사 지도의 추이와 경향성〉, 《역사와 실학》 제41집, 역사실학회, 2010.

_____, 〈7차 검인정 《한국근·현대사》 교과서 수록 지도의 구성과 경향성-일제강점 이전 시기 대상 지도를 중심으로〉, 《역사와 실학》 제46집, 역사실

학회, 2011.

이근우, 〈일본 역사 교과서의 고대 역사지도 왜곡 현황〉, 《한국 고대 사국(고구려 백제 신라 가야)의 국경선》, 서경문화사, 2008.

이부오, 〈제1차~제7차 교육과정기 국사 교과서에 나타난 고대 영토사 인식의 변화〉, 《한국고대사탐구》 4, 한국고대사탐구학회, 2010.

이성시, 〈동북아시아 변경의 역사 – 발해사의 배타적 점유를 둘러싸고〉, 《근대의 국경 역사의 변경–변경에 서서 역사를 바라보다》, 휴머니스트, 2004.

임지현, 〈고구려사의 딜레마 – '국가주권'과 '역사주권'의 사이에서〉, 《근대의 국경 역사의 변경–변경에 서서 역사를 바라보다》, 휴머니스트, 2004.

근대화의 꿈과
'과학 영웅'의 탄생

과학기술자 위인전의 서사 분석

김태호

1. 시작하며

속설은 생명이 길다. 사실이건 아니건 재미있고, 납득하기 쉽고, 독자의 바람에 들어맞으므로 쉽게 사라지지 않는다. 예컨대 "김정호는 훌륭한 지도를 만들었음에도 불구하고 집권자가 그 가치를 알아보지 못하는 바람에 억울하게 옥에 갇혀 죽었다"거나, "우장춘은 씨 없는 수박을 만들었다"는 등의 이야기는 이미 여러 역사가들이 사실과 다른 것으로 밝힌 바 있다. 그럼에도 오늘날까지 사실로 알고 있는 사람들이 적지 않으며, 이런 이야기를 버젓이 실은 책도 서점에서 어렵지 않게 찾아볼 수 있다.

사실 우리가 한국의 과학기술자에 대해 알고 있는 이야기의 대부분은 속설에서 자유롭지 못하다. 그렇기에 2003년에 과학기술부와 한국과학기술한림원이 과학기술인의 사기를 높이기 위해 '과학기술인 명예의 전당'을 만들었을 때도, 그 전시 내용 가운데 많은 부분이 속설을 해명하거나 바로잡는 데 할애되었다. 그런데도 과학기술자에 대한 속설은 쉽게 사라지지 않았을 뿐 아니라 여전히 만만치 않은 힘을 과시하고 있다.

속설의 힘은, 그것을 바로잡으려고 쓴 글조차도 속설을 디딤돌로 삼을 수밖에 없는 역설적인 상황에서 더욱 잘 드러난다. "다들 그렇게 알고 있지만 사실은 그와 다르다"라고 설명하는 글은 결과적으로 독자들에게 속설을 다시 한 번 상기시켜주는 역할을 하게 된다. 예컨대 최근 출판되는 우장춘의 전기들은 "씨 없는 수박을 발명한 우장춘 박사" 대신 "씨 없는 수박을 발명했다고 **잘못 알려진** 우장춘 박사"를 소개하고 있는데, 이를 읽는 독자는 글쓴이의 의도와는 무관하게 씨 없는 수박 이야기를 다시 한 번 떠올릴 수밖에 없다.

전기, 그중에서도 흔히 '위인전'이라고 일컫는 어린이용 전기는 속설에 의존하는 경향이 특히 강하다. 주인공의 업적을 어린이에게 알기 쉽게 설명하자면 다들 알고 있는 이야기에 기대어 글을 전할 수밖에 없기 때문이다. 이 가운데서도 과학기술자를 다룬 위인전은 다른 전기류에 비해 속설에 의존하는 경향이 더 심하다. 속설의 옳고 그름을 판단할 수 있는 참고 자료가 상대적으로 구하기 어려운 데다가, 그마저도 대부분 과학사 전문 연구자를 위한 글이라 어린이나 청소년은 읽기 어렵기 때문이다. 아동문학가와 출판계의 전문가들이 최선을 다하여 기왕에 나온 책의 오류를 바로잡아 나가고 있음에도 불구하고, 과학기술계 인물에 대한 사료와 기록이 충분하지 않은 현실에서 어린이와 청소년 독자가 흥미를 갖고 읽을 수 있도록 글을 쓰다 보니 아직도 지은이의 상상으로 공백을 채우거나 통념과 속설에 의존할 수밖에 없는 경우가 생긴다.

사료를 꼼꼼히 검토하여 속설의 잘못을 밝혀낸다 해도 여전히 다른 문제가 남아 있다. 유명인에 대한 속설이나 통념은 대개 그 인물에 대해 사회가 기대하는 특정한 가치를 반영한다. 예를 들어 현대의 한국인이 장영실을 추앙하는 것은, 사실 그가 현대인의 관점에서 가치 있다고 여기는 기술을 가졌고 그 기술을 활용하여 현대인이 높이 평가하는 기계 장치들을 만들었기 때문이다. 이렇게 현대인의 기준에 맞추어 과거의 인물을 재단하다 보면 결국 독자들은 역사 인물이 그의 시대와 어떤 관계를 맺고 있는지 알 기회를 놓치게 된다. 따라서 더 나은 전기를 쓰기 위해서는, 단순히 잘못된 속설을 바로잡는 것을 넘어서 그 속설의 밑바탕에 깔린 현대인의 기대와 믿음에 대해서도 한 번쯤 비판적으로 되돌아볼 필요가 있다.

　이 글은 기존 과학기술자 전기의 이 같은 한계를 극복하기 위한 시도 가운데 하나다. 이 글에서는 먼저 어린이를 대상으로 한 과학기술자 위인전의 서사에 드러나는 공통적인 특징을 파악하고, 이어서 그 특징을 잘 드러내는 사례들을 구체적으로 분석할 것이다. 그리고 전문 과학기술사 연구자들이 현재 과학기술자 위인전에서 드러나는 한계와 문제점을 극복하기 위해 어떤 기여를 할 수 있는지 생각해보고자 한다. 비판을 열거하는 것을 넘어서 전문 연구자들이 책임을 느끼고 적극적으로 참여해야 개선의 실마리를 찾을 수 있기 때문이다.

　논의의 초점을 좁히기 위해 이 글에서는 한국의 과학기술인을 다룬 위인전을 분석 대상으로 삼았다. 한국 과학기술인의 사례에서 앞서 말한 서술상의 한계점과 전문 연구자가 기여할 수 있는 부분이 더 생생하게 드러나기 때문이다. 구체적으로는 장영실, 허준, 우장춘, 김정호, 지석영 등 다섯 사람의 위인전을 분석해보았다. 이들은 1960년대에 전집 형식의 창작 어린이 위인전이 출판되기 시작했을 때부터 오늘날까지 꾸준히 다루어지는 인물이므로, 이들의 전기를 분석하면 서술 방식이나 관점이 시대에 따라 변하는 것을 관찰할 수 있기 때문이다. 비록 현재 출판된 모든 과학기술자 위인전을 망라하지는 못했으나 이들 다섯 사람이 가장 자주, 또 널리 다루어진 인물이고 시대에 따른 서술의 변화를 관찰할 수 있다는 점에서 이 다섯 명의 사례는 어느 정도 대표성을 가질 것으로 본다.

한편 옛날부터 위인전에 단골로 등장했던 과학기술 인물 가운데도 시대에 따른 서술의 변화가 거의 없는 경우는 이 글에서 따로 분석하지 않았다(최무선이 그러한 예라고 할 수 있다). 또한 독자들에게 더 큰 영향을 미친 책을 그렇지 않은 책과 따로 구별하여 분석하지도 않았다. 이는 아동 도서의 시장이 복잡하고 유통 경로가 명쾌하지 않아 각각의 책이 실제 시장에서 어떻게 받아들여졌는지 추적하기가 대단히 어렵기 때문이다.

2. 과학기술자 위인전에서 드러나는 일반적인 문제점

1) 인물 선정의 문제

1970년대 이후 과학기술사 연구자들의 연구 성과가 대중적으로 알려지면서, 역사적 사실에 대한 오류는 차츰 줄어드는 추세다. 그럼에도 여전히 과학기술자 위인전이라는 장르에서 몇 가지 문제는 사라지지 않고 있다.

먼저 인물 선정에 관련된 문제를 꼽을 수 있다. 첫째, 어린이 책에서 주인공으로 다루는 과학기술 관련 인물들은 이른바 응용과학에 압도적으로 치우쳐 있다. 응용과학이라는 표현이 모호하다면, 눈에 보이고 손에 잡히는 '물건'을 남긴 인물에 편중되어 있다고 표현해도 좋을 것이다. 예를 들어 세종대에 천문역산과 시간 계산에 공헌한 인물은 정초, 이순지, 김담, 이천 등을 꼽을 수 있다. 하지만 대중에게 알려진 이름은 장영실 정도다. 이순지를 비롯한 문신 관료들은 천문 이론을 연구하고 그를 바탕으로 천체의 운행을 계산하였는데, 이것이 왜 중요한 일이며 이들이 천체 운행을 얼마나 정확하게 계산했는지를 천문학 지식이 없는 일반 독자들에게 설명하는 것은 쉽지 않다. 반면 장영실의 업적은 구구히 설명할 필요 없이 '물시계'나 '간의' 같은 물건 이름만 대면 누구나 떠올릴 수 있으므로, 아무래도 장영실의 이름을 기억하는 것이 훨씬 더 쉬운 일이다.

또 다른 예로, 이론물리학자 이휘소를 사람들이 어떻게 기억하는가도 흥미롭다. 대부분의 사람들에게 이휘소라는 이름은 원자폭탄과 뗄 수 없는 관계로 기억된다. 소설가의 상상을 사실로 받아들여 "이휘소가 원자폭탄 기술을 한국에 전해주려고 하다가 죽임을 당했다"고 생각하건, 반대로 "이휘소의 죽음과 원자폭탄 연구는 아무 관계가 없다"고 알고 있건, 원자폭탄과 관련지어 이휘소라는 이름을 기억하게 되었다는 점은 다르지 않다. 우장춘이 "씨 없는 수박을 만들었다고 잘못 알려진 우장춘 박사"로 기억되듯이 이휘소도 "원자폭탄 연구에 연관되었다고 잘못 알려진 이휘소 박사"로 기억되는 것이다.

이는 일차적으로는 이휘소의 죽음을 극적 허구의 소재로 삼은 소설이 큰 성공을 거두면서 나타난 현상이지만, 다른 한편으로는 "그렇다면 이휘소를 어떤 인물로 기억해야 하는가"에 대해 똑 부러지는 답을 내놓기가 어렵다는 것 또한 사실이다. 이휘소의 업적은 양자전기역학을 '재규격화'라는 수학적 방법을 동원하여 정리한 것인데, '양자전기역학의 재규격화'와 '(아니라고는 하는데) 원자폭탄' 중에서 무엇이 더 쉽고 대중의 기억에 오래 남을지는 뻔하지 않은가?

만약 원자폭탄에 대한 날조된 신화가 없었다고 해도 이휘소라는 이름이 이렇게 대중에게 널리 알려졌겠는가 하고 묻는다면, 선뜻 그렇다고 대답하기도 어려울 것이다. 이처럼 구체적인 사물과 결부된 기억은, 심지어 사실이 아닌 것으로 드러난 뒤에도 추상적인 전문 과학기술 용어보다 강하게 대중을 사로잡는다.

이렇게 위인전의 인물 선정이 응용 분야에 치우치고 구체적인 사물과 결부되는 것은 어쩔 수 없는 일이기는 하다. 어린이 책에서 독자의 나이를 무시하고 수준 높고 전문적인 과학 이론을 나열할 수는 없는 일이며, 오늘날 우리의 삶과 관계있는 인물을 찾다 보면 구체적인 업적을 이룬 사람을 먼저 꼽을 수밖에 없기 때문이다. 그럼에도 이에 대해 문제를 제기하는 것은, 현재의 기준을 비판 없이 적용하다 보면 결국 위인전의 인물이란 '얼마나 부국강병에 기여했는가' 또는 '얼마나 근대화에 기여했는가'에 따라 결정되어버리기 때문이다. 과학기술자의 전기에서 그의 과학기술적 업적보다 그가 과학기술 활동을 통해 얼마나 조국의 발전에 기여했는가가 중요한 잣대가 되는 것은 부정할 수 없는 사실이다. 모든 어린이 전기가 가진 한계라는 반론도 가능하겠으나, 가령 음악이나 미술 같은 다른 전문 분야의 위인과 비교해보아도 과학기술 분야는 국가에 대한 기여가 훨씬 더 강조된다.

이처럼 국가를 강조하는 풍조는 과학기술이 곧 국력과 직결된다는 생각에서 비롯되었을 것이다. 나아가 우리가 비판 없이 받아들이는 믿음 중 하나인 "한국의 근대화 과정이 순탄치 못했던 것은 과학기술이 발달하지 못했기 때문"이라는 생각과도 관련되어 있을 것이다. 편의상 '결핍의 서사'라고 부를 수 있는 이 믿음은 일제강점기 이래로 면면이 이어져오며 한국인의 과학기술관의 큰 줄기를 형성한다. 서구의 과학기술(엄밀히 말하면 과학기술에 힘입어 발달한 산업과 군사력)에 압도당한 근대 초기의 한국인들은 과학기술의 결핍이 국권 상실의 근본 원

자료 1 '발명 조선의 귀중한 수확', 《동아일보》 1936년 1월 1일. 이와 같이 신년 특집으로 한국인 발명가를 부각시킨 것은, 발명이 곧 민족의 실력을 양성하는 것이라고 이해했기 때문이다.

인 중 하나라는 일부의 주장을 대체로 큰 비판 없이 받아들였고, 그 주장에 찬동하지 않는 경우에도 주장의 전제를 문제 삼기보다는 "과학 기술이 완전히 결핍된 것은 아니었다"는 식의 변론을 펴는 것이 보통이었다.

예컨대 《동아일보》는 1936년 1월 1일 새해를 맞아 두 면을 통째로 할애하여 '발명조선의 귀중한 수확: 혁혁한 선인 유업에 천재적 창안'이라는 특집 기사를 실었는데, 선진국의 발명 장려 제도를 소개하는 한편 기록으로 남아 있는 전근대 한국의 발명 가운데 자랑할 만한 것을 소개하고, 아울러 당대의 한국인 발명가들을 소개하면서 "우리에게도 발명의 잠재력이 충분하다"는 주장을 펴고 있다(《동아일보》, 1936). 1930년대 중후반 활동했던 '발명학회' 또한 이와 같은 현실 인식을 기반으로 적지 않은 호응을 얻었다. 한국인의 창의성은 서구와 일본 사람에 뒤지지 않지만 정치, 사회, 문화적 이유로 그것이 제대로 발현되지 못했을 뿐이라는 것이다(임종태, 1995).

이와 같은 '결핍의 서사'가 갖는 문제점은 쉽게 열거할 수 있다. 하나의 과학기술은 늘 같은 사회문화적 현상을 유발한다는 과학기술 결정론, 모든 사회가 동일한 요인의 작용으로 동일한 경로를 따라 발전한다는 단선적 역사관, 현재를 기준으로 사회 발전(또는 '근대화')의 진척을 평가하는 현재주의적이고 목적론적인 역사관 등이 이 바탕에 깔려 있다. 요컨대 과학기술자 위인전도 '근대화의 꿈'에 복무해야 한다는 강박에서 자유롭지 못하며, 이에 따라 과학기술인은 민족사 또는 민족국가사에 기여하는 '과학 영웅'으로서만 가치를 인정받게 된다. 일국의 근대화라는 좁은 틀을 벗어나지 못한다면 한국 과학기술 위인전 서사가 풍성해질 가능성은 매우 낮다.

둘째, 어린이 과학기술자 전기에서 다루는 대부분의 인물은 국내와 국외를 막론하고 과학기술을 크게 바꿔놓은 사람이다. 토머스 쿤이 말한 '정상과학' 활동에 참여한 과학자가 위인전의 주인공이 되는 경우는 거의 없다. 혁명적 업적을 세우지 못한 인물이 예외적으로 책의 주인공이 되는 것은 한국적 맥락에서 그의 교육, 연구, 저술 활동이나 과학 행정가로서 역량을 인정받는 경우뿐이다. 그나마도 이런 경우는 어른을 위한 전기의 주인공이 될 수는 있으나 어린이 위인전의 주인공이 되기는 어렵다.

이 또한 위인전이라는 장르가 갖는 근본적인 한계라고 변론할 수 있으나, 이와 같은 서술 양상은 자칫 과학기술에 대한 이해의 폭을 좁힐 수 있다는 점에서 우려가 된다. 오늘날 이루어지는 과학기술 활동 가운데 위인전에서 그려내는 것 같은 혁명적 변화는 좀처럼 찾아보기 어렵다. 현재의 과학기술 패러다임이 성숙해 있는 만큼 대부분의 과학기술 활동은 쿤이 '문제풀이'라고 묘사한 패러다임 내부의 활동이며, 고도로 확장된 현대 과학기술의 체계 안에서 혁신은 대부분 국지적으로 일어난다. 이러한 현실을 도외시하고 영웅적 과학자들이 혁명적 변화를 일으킨 이야기에만 초점을 맞춘 과학기술자 전기는 독자들에게 과학기술 활동의 본질에 대해 사실과 다른 상을 심어줄 우려도 있으며, 나아가 현재 이루어지는 정상과학 활동의 가치를 낮게 평가하도록 독자를 오도할 가능성마저 있다. 과학기술 위인전이 단순히 과거 인물의 행적을 전하는 것이 아니라 과학기술계의 본받을 만한 인물을 제시하고 독자에게 진로 탐색의 계기를 마련해주기도 한다는 점을 감안하면 이 같은 문제에 대해서도 진지하게 고민할 필요가 있다.

2) 서술 관점의 문제

인물 선정의 기준뿐 아니라 서술 관점도 크게 두 가지 측면에서 비판적으로 검토할 수 있다. 첫째, 어린이용 과학기술자 위인전에서 지면의 대부분을 차지하는 것은 주인공의 인품, 즉 총명함과 끈기, 헌신성, 애국심 등이고, 정작 과학적 업적은 소상히 다루지 않는 경우가 많다. 업적을 설명할 때도 독자의 눈높이에 맞추어 설명하지 못하고 전문가의 용어나 설명을 그대로 나열하거나, 업적의 내용을 풀어주는 것이 아니라 그 업적의 현실적 용도나 의의를 예를 들어 설명하는 데 그치고 있다.

과학기술을 속이 보이지 않는 블랙박스처럼 취급하는 이러한 관점은 이미 여러 과학기술학자들에 의해 논박되었다. 이런 관점은 과학기술이 사회적으로 구성되는 사회의 산물이라는 점을 깨닫지 못하게 하고, 마치 과학기술이 사회 바깥에서 사회적 요소와 무관하게 만들어진 뒤 일방적으로 사회에 영향을 미친다는 생각을 심어줄 수 있다. 이 같은 과학관은 과학기술에 대한 물신 숭배를 조장하고, 궁극적으로는 시민들이 과학기술에 대해 이해하려는 노력을 포기하게 만든다는 문제가 있다.

또한 이러한 과학기술관을 가지고 과학기술자 위인전을 쓰다 보면 현실적인 문제가 생겨나기도 한다. 과학기술의 내용에 대해 글쓴이가 판단을 유보하다 보면 주인공에 대한 평가가 결국은 '품성'의 문제로 환원된다는 점이다. 이런 문제는 앞서 말한 인물 선정의 문제와 같은 뿌리에서 비롯된다. 어린이와 청소년 독자에게 주인공의 과학기술적 업적을 설명하는 일은 쉽지 않기 때문에, 위인전의 주인공이 왜 위인전에 실리게 됐는지 간명하게 보여주기가 어렵다. 따라서 과학기술자 위인전 서술은 상당 분량이 업적 자체에 대한 설명보다는 그 업적을 이루게 된 바탕에 주인공의 인품(총명, 부지런함, 집중력, 끈기 등)이 있었다는 사후적 정당화에 할애된다.

그런데 실제 과학기술의 역사를 돌아보면 과학기술자의 인품과 업적 사이에는 특별한 상관관계를 찾기 어렵다. 오히려 위인전의 주인공이 됐기 때문에 '본받을 점'을 찾아내거나 만들어내는 경우가 많다고 보아야 할 것이다. 근현대 인물은 이런저런 일화가 비교적 많이 남아 있어 일화들을 꿰어 맞추고 문학적 상상력으로 빈 틈새를 메우면 주인공의 인간적 면모를 보여주는 것도 어느 정도 가능하다. 그러나 전근대 인물의 성장 과정이나 인품에 대한 이야기는 거의 대부분 날조에 가깝다. 잘 알려진 과학기술계 인물에 대한 역사적 기록은 지극히 단편적으로 흩어져 있고, 그것도 거의 모두 성인이 되어 어느 정도 업적을 이루었을 때 그에 대한 기록에 덧붙여진 것이므로 그들의 성장 과정이나 인품 등을 알 수 있는 자료는 사실상 없다. 사대부 출신으로 수학이나 천문역산을 공부한 사람들은 예외적으로 집안의 기록에서 적지 않은 자료를 찾을 수 있지만, 위에서 말한 인물 선정의 기준을 감안하면 손에 잡히는 물건을 만들지 않은 채 수학이나 천문역산과 같은 이론 분야에 몰두한 인물이 위인전의 주인공이 되는 경우는 거의 없으므로 이들에 대한 자료가 책의 재료로 활용될 가능성은 높지 않다.

둘째, 주인공을 높이다 보니 주인공을 둘러싼 사회, 나아가 그의 시대 전체를 낮추는 서술 경향이다. 이런 경향은 특히 전통 시대의 과학기술 인물을 다룰 때 강하게 드러난다. 장영실(과 세종)의 업적을 추앙하기 위해 역서의 자주성을 강조하면 할수록, 독자적 역법 계산을 용납하지 않(았다고 흔히 믿)는 명나라 중심의 중화질서의 모순이 두드러지고, 또 중화질서에 도전하는 것을 두려워하고 세종을 만류하(였다고들 이야기하)는 사대주의적 신료들의 수구성을 부각하게 된다. 신분질서의 질곡을 딛고 의술의 새로운 경지를 개척한 허준의 이야기가 독자에게 감동을 주려면 그 배경이 되는 보수적 사대부들과 인습에 갇힌 실력 없는 의원들은 더 어두운 색조로 그려내야 한다. 김정호와 그의 지도의 우수성이 돋보이게 하려면 그것을 알아볼 안목이 없이 쇄국정책을 고집하고 끝내는 김정호를 옥사로 내몰고 지도 목판을 불살랐(다고들 하)던 흥선대원군의 아집이 그만큼 두드러져야 한다. 지석영이 진정한 선구자였음을 보여주려면 두창에 대한 과학적 설명을 받아들이지 않고 대중을 선동하여 종두장을 습격한 무당들의 몽매함과, 개화를 부르짖은 지석영의 상소를 묵살하고 그를 모함한 '간신배'들의 무능과 모략을 강조해야 한다.

이러한 서술 경향은 위에서 열거한 문제들이 복합적으로 얽혀 나타나는 결과라고 할 수 있다. 대부분의 과학기술 위인전의 서사는 다음과 같이 일반화할 수 있다. "주인공은 (오늘날의 관점으로) 우리의 일상생활을 윤택하게 하고 나라를 부강하게 하는 과학기술을 추구하지만, 이런 것들은 우리 전통 사회가 끝내 받아들일 수 없는 것이다. 우리 전통 사회는 근대화에 실패한 사회이고, 근대화에 실패하고 과학기술을 제대로 만들어내거나 받아들이지 못한 원인은 전통 사회 안에 있기 때문이다. 따라서 주인공은 자신의 천부적인 재능과 뼈를 깎는 노력을 통해 위대한 업적을 이루어냈음에도 불구하고 시대와 불화할 수밖에 없는 비극적 운명을 감내해야 한다. 간혹 시대의 질곡에서 자신을 보호해주는 후원자를 만나 생전에 노력의 결실을 보는 운 좋은 사람들도 있지만, 그들마저도 역사의 물줄기를 돌려놓지는 못한다."

요컨대 대부분의 과학기술인 위인전은 "이렇게 훌륭한 선현이 있었음에도 불구하고 근대화가 성공하지 못한 것은 (   ) 때문"이라는 서사에 의존한다. 괄호 안에 들어갈 내용은 명나라가 될 수도 있고, 성리학이 될 수도 있고, 당쟁이 될 수도 있고, 일제가 될 수도 있다. 이러한 서사 구조는 역사적 사실과 맞지 않음은 물론이고, 궁극적으로는 역사에 대한 올바른 이해를 가로막는 부정적인 영향을 미친다.

과학기술도 정치, 사회, 경제, 문화와 마찬가지로 특정한 시대의 소산이다. 물론 시대의 과제와 씨름하는 와중에 그 시대의 지배적인 풍조에 도전하는 주장이 나오기도 하고 시대의 추세를 선취하여 동시대인들의 생각보다 한 발 앞서가는 주장이 나오기도 한다. 하지만 그런 경우조차도 시대적 맥락을 살펴봄으로써 과학기술의 변화를 더 쉽게 이해할 수 있는 예로 받아들여야지, 별안간 한두 명의 천재가 돌출하여 그 시대의 요구와 전혀 무관한 과학기술의 변화를 이끌어냈다고 주장할 수는 없다. 또한 "소수의 천재, 불합리한 사회, 내재적 역량의 부족에 따른 근대화의 실패"와 같은 관점은 전통 사회에 대한 최근의 연구 성과를 전혀 반영하지 못하고 있다는 점에서 결과적으로 식민사관의 한국 전근대사 해석을 그대로 답습하고 있다.

한편 이러한 문제들의 배경에는 어린이·청소년 도서를 위한 내용을 독자적으로 생산하기가 어렵다는 구조적인 한계도 있다. 독자의 수준과 관심사에 맞는 글쓰기 역량을 갖추고 있으며 동시에 과학기술사 분야의 최신 전문 연구 성과를 꾸준히 섭렵하고 소화할 수 있는 필자층이 있다면 독자적으로 내용을 생산하는 데 어려움이 없을 것이다. 하지만 현실에서 두 가지 전문 역량을 겸비한 필자를 찾는 것은 쉬운 일이 아니다. 차선책으로 글쓰기 전문가와 과학기술사 전문가가 협력하는 길이 있으나, 만족할 만한 수준의 협업은 비용이나 제작 기간 등에서 더 많은 투자를 요구할 수밖에 없다.

이런 이유로, 글쓰기 전문가가 독자적으로 작업을 할 때 주인공에 대한 대중예술 작품이 있으면 그 영향을 피하기가 어렵다. 많은 위인전이 소설이나 드라마의 내용을 빼닮은 것은 우연의 일치가 아니며, 저자의 지적 태만 때문도 아니다. 대중예술 작품은 성장 과정이나 주변 인물 등 서사의 빈 부분이 채워져 있고 기승전결 같은 극적 구조가 이미 만들어져 있기 때문에, 저자가 의도적으로 참고하지 않았더라도 공백투성이인 사료를 바탕으로 서사를 구축해 나가다 보면 무의식적으로라도 영향을 받을 수밖에 없다.

더욱이 뒤에 소개할 허준의 사례 등에서 보이듯, 대중예술 작품이 큰 성공을 거둔 경우 그 극적 서사 중 일부는 사료와의 합치 여부를 떠나 사실인 것처럼 대중들에게 받아들여지기 때문에 저자가 언급하지 않으면 오히려 '이상하다'거나 '틀렸다'는 평을 받는 경우마저 있다. 그 결과 오류투성이의 소설이나 드라마에서 영향을 받은 위인전이 계속 출판되고, 전문 역사가들은 이를 비판하지만 오류는 이에 아랑곳하지 않고 계속 재생산되는 악순환이 일어난다.

이러한 악순환은 사실과 다른 통념을 퍼뜨리고 역사에 대한 단선적 해석을 조장할 뿐 아니라, 현실에서 역사학자와 저술가 사이의 거리를 좁히는 데도 도움이 되지 않는다. 현실에 존재하는 거리를 좁히지 않은 채 오류를 지적하고 비판하는 데 머무를 것이 아니라, 현실의 한계 안에서 이 같은 악순환의 여지를 줄여나가는 데 도움이 될 길을 찾아보는 것이 역사학자들이 고민할 부분이 아닐까? 그런 점에서 이 글의 후반부에서는 사례 분석을 하되 현실적인 개선 가능성을 도출하는 데 초점을 맞추도록 하겠다.

3. 과학기술자 위인전의 서술 사례 분석

1) 장영실: 현재의 필요에 따라 다르게 해석되는 천재

장영실의 전기를 쓰는 것은 매우 어려운 일이다. 《조선왕조실록》에서 찾을 수 있는 장영실에 대한 기록은 얼마 되지 않는다. 오늘날 전 국민이 알고 있으며 10만 원권 지폐 이야기가 나올 때면 그 주인공으로 추천받기도 하는 장영실이지만 1950년대까지는 대중에게 거의 알려지지 않았다.

1963년에 전상운이 두 편의 논문에서 장영실을 세종대 과학기술 기구 제작의 주요 인물로 주목하고, 이어서 1966년에 출판한 《한국과학기술사》에서 세종의 과학정책의 사례로 관노였던 장영실을 발탁한 일을 강조함으로써 장영실이라는 이름이 비로소 알려지기 시작했다 (전상운, 1963a; 1963b). 그리고 과학기술 진흥을 강조하던 1970년대의 분위기와 맞물려 장영실은 조선 전기 과학기술을 대표하는 인물로 각인되었다.

하지만 장영실 개인에 대한 기록은 《조선왕조실록》과 조선 말의

자료 2 장영실에 대한 지나친 찬양의 이면에는 당대의 성리학자에 대한 지나친 폄하가 깔려 있다. 양반 관료는 신분제에 집착하고, 장영실을 질투하며, 과학기술의 가치를 모르는 인물로 흔히 묘사된다. '민족의 과학자 장영실,' 〈만화 인물 한국사 초롱이의 옛날여행〉(KBS, 1993) 중에서.

《증보동국문헌비고》 등에 실린 것이 전부이기 때문에, 그것을 재료로 삼아 책 한 권 분량의 서사를 만드는 것은 애당초 대단히 어려운 과업이었다. 그나마 자격루에 대한 기록이 별도로 남아 있어 장영실의 천재성을 보여줄 만한 물질적 근거를 확보할 수 있었고, 그의 어머니가 관기였다는 사실이 확인되어 "신분제의 억압과 싸워 자신의 길을 개척한 천재 영웅"이라는 서사의 뼈대를 만들 수 있었다. 기술적 재능 하나만으로 관노의 신분을 벗어났다는 이야기는 뒤에서 살펴볼 허준의 사례와 비슷한 극적 요소를 담고 있기 때문에 많은 독자들의 호응을 얻었다.

다만 '타고난 재능'과 '신분의 속박'이라는 두 축을 중심으로 장영실의 위인전을 쓰다 보니, 어떤 책들은 신분제에 대한 관점이 모호해 보이는 경우도 있다. 재능의 빛을 더 두드러지게 하려면 신분제의 속박이라는 그늘을 짙게 그려야 하는데, 그러다 보니 "원래 관노가 될 사람이 아닌데 관노가 되었다"는 식의 이야기가 만들어진다. 예를 들어 어머니는 관기였지만 아버지는 고관이었다는 점을 강조한다든가, 중국에서 귀화한 장영실의 선조가 대대로 고급 기술자였다든가 하는 이야기를 위인전에서는 흔히 볼 수 있다. 이런 관점은 언뜻 신분제의 모순을 비판하는 것처럼 보이나, 따지고 보면 원래 높은 신분이었던 사람은 그에 걸맞은 자질을 가지고 있으며, 일시적으로 부당한 대우를 받아도 노력에 따라 자신의(또는 자신의 핏줄에 흐르는) 자질을 꽃피우게 된다는 이야기가 되므로 오히려 신분에 따른 자질의 차이를 인정하는 이야기로 받아들여질 위험이 있다. 따라서 신분제의 속박을 비판하는데 '집안 내력'을 끌어들이는 서술 방식은 자기모순의 여지를 안고 있다.

또한 장영실의 삶과 업적을 신분제의 속박이라는 한 가지 틀로만 풀어낼 경우 놓치게 되는 것이 있다. 장영실의 업적은 장영실 혼자 쌓은 것이 아니라 당대의 이름난 천문학자와 역산가(曆算家)가 함께 이룬 것이라는 점이다. 장영실을 제외하면 이들 천문역산가들은 대부분 문과에 급제하여 전문적인 성리학 관료의 출세 경로를 밟았고 조정의 문신을 지냈다. 이들에게 천문학과 수학이란 격물치지(格物致知)하는 성리학자가 마땅히 알아야 하는 자연의 이치이지 성리학과 대립하거나 갈등하는 것은 아니었다.

그런데 "성군 세종대왕은 (신분제에 집착하고 공리공론에 몰두하는) 성리학 관료들의 반대를 무릅쓰고 관노 장영실을 등용하였다"는 영웅담을 부각시키다 보면, 이처럼 장영실과 함께 일했지만 성리학자이기도 하며 (오늘날의 관점으로) 과학자이기도 한 이들이 그 영웅담 안에 들어갈 자리가 없어지고 만다. 성리학과 과학기술의 대립, 양반 관료와 관노 장영실의 대립은 현대의 우리가 상상하여 만들어낸 것이지 당대에는 존재하지 않았던 것일 수도 있다. 또한 우리 전통 사회가 과학기술에 적대적이었고 소수의 천재가 인습에 찌든 사회구조와 맞서 싸웠다는 역사 인식은 사실 전형적인 식민사관이다. 우리 역사를 미화할 필요도 없지만, 사실로 드러난 것 이상으로 부정적으로 인식할 필요도 없는 일이다.

한편 많은 업적을 남겼음에도 갑자기 석연치 않은 이유로 역사에서 이름이 사라졌다는 점도 역사가와 작가들의 상상력을 자극했다. 공식적인 역사서에 실려 있는 것은 1442년 장영실이 감독을 맡아 제작한 안여(安輿, 임금의 가마)가 파손되었고, 장영실은 그 책임을 지고 곤장 80대를 맞고 파직되었다는 것뿐이다. 그 후에는 장영실의 이름이 공식 기록에 다시 등장하지 않는다. 장영실의 갑작스러운 퇴장에 대해서는 이따금씩 이런저런 추측이 제기될 뿐, 뚜렷한 답을 내놓은 사람은 없었다. 무엇보다도 사건의 숨은 배경까지 추측하기에는 사료가 턱없이 부족하기 때문이다.

그런데 흥미롭게도 최근 세종 시대 과학사에 대한 연구 성과가 축적되면서 장영실의 퇴장에 대한 추측과 가설들에 살이 붙기 시작했고, 요즈음에는 이것이 마치 역사적 사실인 양 받아들여지고 심지어 장영실의 영웅 서사의 핵심적인 요소로 격상되기에 이르렀다. 이 가설의 뼈대는 세종이 독자적인 천문 관측 사업을 벌이고 독자적인 역법을 확립한 것이 명나라와의 사대관계에서 외교 문제가 될 수 있었고, 따라서 세종은 명과 마찰을 막기 위해 천문 사업을 중단하고 장영실을 파직할 수밖에 없었다는 것이다. 어떤 경우는 더 대담하게 장영실을 파직한 것이 중국계 혈통인 장영실을 데려가려는 명나라의 요구로부터 그를 보호하기 위한 것이었다고 살을 더 붙이기도 한다(김성진, 2008).

그 결과 장영실의 이미지도 '자격루라는 복잡한 기계를 만든 천재'에서 '세종이 꿈꾸었던 천문의 자주화 프로젝트를 실천한 세종의 분신 또는 동지' 차원으로 격상되었다. 이에 따라 장영실이 맞서 싸워야 했던 장애물의 목록에는 복잡한 기계장치를 만드는 어려움과 신분제를 고수하려는 양반들의 몰이해에 더하여 중화질서를 수호하려는 명나라의 압력이 추가되었고, 이는 장영실의 영웅 서사를 더 극적으로 만들었다.

이렇게 강화된 서사는 뮤지컬 〈천상시계〉(2004년 초연)와 2005년에 출간된 김종록의 소설 《장영실은 하늘을 보았다》, 그리고 이에 영향을 받은 KBS의 드라마 〈대왕 세종〉(2008) 등에서 특히 강조되어 현재 통용되는 장영실의 이미지로 굳어졌다. 이 이미지에 따르면 장영실은 이중으로 근대적인 영웅이다. 자신의 능력으로 신분사회의 질곡에서 벗어나려 했을 뿐 아니라, 세종의 뜻을 받들어 사대주의를 뛰어넘고 조선이 근대적인 민족국가에 가까이 다가갈 수 있는 제도적 기틀을 닦는 데 기여했기 때문이다. 물론 이 가설들을 확증하는 근거는 없지만, 그의 이름이 역사에서 갑자기 사라졌다는 사실이 이 영웅 서사의 설득력을 높이는 '근거'로 작용한다. 증거 없음이야말로 가장 강력한 증거라는, 전형적인 음모론의 논리를 따르고 있는 셈이다.

이러한 장영실 신화는 과학사학계의 연구 성과 중 한 가지 측면을 강조하여 기존의 민족주의 서사 안에 삽입한 것으로 평가할 수 있다. 세종대 과학기술(이라기보다는 '예악'이라는 표현이 더 적절하겠지만)의 '자주성'이 과연 무엇을 의미하는지, 세종이 추구했을 '자주적' 조선의 모습이 오늘날 우리가 당연하게 받아들이는 근대적 민주국가의 모습과 얼마나 비슷한지에 대해서는 여러 해석이 가능하다. 세종이 조선의 풍토는 명과 다르므로 문물제도를 정비할 때 조선의 특수한 사정을 감안해야 한다는 생각을 품고 있었고, 신하들에게도 이를 자주 강조했음은 엄연한 사실이다(전상운, 1992; 문중양, 2006; 정다함, 2009 등). 하지만 그렇게 조선의 사정을 감안하는 것이 궁극적으로 '중국과 다른 조선의 문물제도'를 세우기 위함은 아니었다. 오히려 '(중국의) 옛 성인들이 세운 문물제도'를 원래 모습에 더 가깝게 구현하기 위해서는, 세종 당대의 중국을 무작정 따라 할 것이 아니라 조선의 풍토에 맞는 방식으로 창의성을 발휘해야 한다는 것이 세종의 생각이었다. 즉 조선의 문물 토대를 닦고자 하는 세종의 뜻은 '중화에서 벗어나는' 것이 아니라 '(중국도 잃어버린) 중화의 옛 모습을 회복하는' 것이었다고 보아야 타당하다. 물론 여기서 '중화'란 현실에 존재하는 이웃 나라로서의 중국이 아니라 동아시아 문명이 보편적으로 추구하는 공통의 이상향을 뜻하므로, 세종이 추구한 것은 결국 '최고의 문명국이 되는 것'이었다고 요약할 수 있다. 이러한 시대적 맥락을 고려하지 않고 20세기 이후의 민족주의적 관점을 무리하게 대입하여 세종대의 문물 개혁이 '자주적'이었느냐를 논하는 것은 역사적으로 정당화하기 어려운 일이다.

하지만 이처럼 무리한 민족주의적 해석은 끊이지 않을뿐더러 오히려 강화되고 있다. 대부분의 독자들이 민족주의적 해석을 불편하게 여기지 않고 나아가 환영하기 때문이다. 이렇게 현재의 필요에 따라 과거를 호출하여 민족주의 서사에 끼워 넣는 것은 한국만의 일은 아니며 다른 나라에서도 흔히 일어나는 일이다. 특히 동아시아에서 과학기술은 근대화의 잠재력 또는 '맹아'를 보여주는 좋은 사례이므로 많은 호응을 얻는다.

가까운 예로 일본에서 2010년에 큰 호응을 얻었던 《천지명찰(天地明察)》을 들 수 있다. 일본 최초의 독자적 역법으로 일컫는 《정향력(貞享曆)》을 만든 시부카와 하루미(澁川春海)를 주인공으로 한 이 역사소설은 《정향력》과 그 바탕이 된 에도시대 중기 천문학의 발전상뿐 아니라 에도시대 일본의 산술과 기하학 등 다양한 요소를 보여주며, 그 시대가 얼마나 '근대'에 가까웠는지 그려내고 있다(다만 시부카와에게

역법의 요체를 가르쳐준 것이 조선통신사였다는 사실은 제대로 묘사하지 않았다). 이 책은 2010년 요시카와 에이지(吉川英治) 문학신인상을 수상하였고, 그 인기는 다음 해 제작된 동명의 영화로 이어지기도 했다(沖方, 2010; 竜田, 2012).

자료 3 일본 역법의 아버지 시부카와 하루미를 다룬 영화 〈천지명찰〉의 포스터(2012). 수준 높은 전통과학을 발전시켰던 동아시아에서, 전통 천문학은 민족적 자부심을 자극하는 좋은 소재다.

이렇게 현대 민족주의의 관점을 과거사에 투사하는 것은 어디까지 용인될 수 있는가? 민족적 자긍심을 높이는 일이므로 문제를 제기할 필요가 없는가? 그렇다면 각국에서 자기만의 시선으로 재단한 역사를 자국민에게 계속 권장하면 되는 것인가? 이런 극단적인 결론에 동의할 수 없다면, 우리는 우리 전통 과학기술의 전성기를 어떻게 그려야 하는가? 현재의 관점으로 끼워 맞춘 장영실이 아니라, 당대의 관점에서 평가한, 세종대 조선의 활기와 의욕을 보여주는 인물로, 장영실을 볼 수는 없을까?

2) 김정호: 신화의 빈자리[1]

김정호는 역사학계의 연구 성과가 쌓이면서 오히려 위인전의 주인공으로 출연하는 빈도가 줄어든다는 점에서 장영실과 묘한 대조를 이룬다. 김정호 신화의 핵심 요소였던 '팔도답사설'과 '옥사설'이 논박되면서 김정호의 업적을 당시의 시대상 안에서 입체적으로 이해할 수 있는 연구 성과는 더욱 풍성해졌지만, 오히려 영웅 서사를 구성했던 극적인 요소들이 빠지면서 김정호의 생애는 위인전의 소재로서는 예전보다 덜 매력적이 되었다고도 할 수 있다.

김정호 신화가 대중에게 처음 선을 보인 것은 일제강점기의 《조선어독본》(1934)으로 알려져 왔다. 이 때문에 김정호 신화는 흔히 식민사관의 소산으로 거론되기도 했다. 하지만 《조선어독본》의 저자들이 김정호 신화를 지어낸 것은 아니다. 그들 또한 당대의 속설을 갈무리해놓은 것인데, 그 속설의 진원지는 지금까지 알려진 바로는 최남선으로 추정할 수 있다. 최남선은 1914년에 자신이 주축이 되어 창간한 어린이 잡지 《아이들보이》 제10호(1914년 6월)에, 도쿄에서 박람회를 구경하던 중 "김백온[金伯溫, 김정호의 호] 어른 대동여지도 기림을 듣고" 왔다는 이야기를 간단히 전하고 있다. 그전에는 대동여지도에 대해 보고 들은 바가 없었는지는 확인할 수 없지만, 1914년에 최남선이 일본의 박람회장에서 대동여지도의 실물을 보고 그에 대한 평가를 들었다는 것은 확인할 수 있다. 그 뒤 1925년 10월 8일에서 9일에 걸쳐 최남선은 《동아일보》 제1면에 〈고산자(古山子)를 회(懷)함〉이라는 글을

---

1 김정호 관련 문헌의 변천에 대해서는 이지수(2008; 2011) 등을 참조하였다. 주장과 자료의 인용을 허락해준 저자에게 감사드린다.

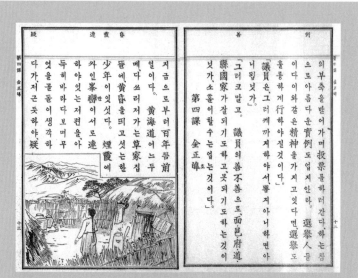

자료 4 김정호의 이야기가 실린 《조선어독본》(1934). 팔도답사설과 옥사설 등이
대중적으로 알려지는 계기가 되었다.

싣는다.

4월 5일 경성에서 열린 고지도 전람회를 계기로 쓴 이 글에서 최남
선은 10여 년 사이 부쩍 늘어난 김정호에 대한 이야기를 전하고 있다.
특히 최남선은 김정호가 정확한 지도를 만들기 위해 "팔역(八域)의 산
천을 샅샅이 답험(踏驗)함을 사양치 아니하였으며" "백두산만을 일곱
번 올라갔으며" 이를 위하여 "수십 년 과객질을 하였"다는 이야기를
이 글에서 처음으로 선보인다. 그리고 김정호의 위대한 업적에 대해
"조선은 이를 몰랐으며 조선인은 이를 깨닫지 못하였"기에 대동여지
도는 "그만 몰이해한 관헌에게 그 판목을 몰수당하고" 김정호는 결국
"대동여지도의 작자(作者) 각자(刻者) 그리고 그에 대한 순사자(殉死者)
가" 되고 말았지만 대동여지도는 살아남아 청일전쟁에서 "그 정밀한

구성과 위대한 가치가 비로소 실지에 창저(彰著)하게" 되었다는 이야기도 덧붙이고 있다(최남선, 1925).

최남선 스스로도 김정호에 대한 "생졸(生卒) 기타의 전기적 자료가 모두 소망(消亡)의 역(域)으로 돌아갔다"고 인정하고 있어, 그가 어디에서 자료를 얻어 재구성했는지는 알 길이 없다. 다만 같은 글에서 일본의 유명한 지도 제작자 이노 다다타카(伊能忠敬, 1745~1818)를 언급한 점에서 하나의 실마리를 찾을 수 있다. 이노 다다타카는 1800년부터 1816년까지 17년에 걸쳐 일본 전역을 도보로 답사하여, 이를 토대로 《대일본연해여지전도(大日本沿海輿地全圖)》(사후인 1821년에 완성)를 펴냈다. 이노 다다타카는 당시 일본인에게 가장 널리 알려진 지도 제작자였고 그의 도보 답사 이야기가 일본에서는 신화처럼 퍼져 있었기 때문에, 최남선은 조선의 지도 제작자로 김정호를 거론하면서 이노 다다타카를 의식할 수밖에 없었을 것이다.

최남선은 〈고산자를 회함〉의 후반부에서 직접 이노 다다타카와 김정호를 비교하면서, 이노의 업적도 뛰어나지만 "그러나 경우의 순역(順逆)과 사력(事力)의 풍약(豊約, 풍부하고 약소함)과 설비의 정조(精粗)와 부장(扶將, 도와주고 장려함)의 요핍(饒乏, 풍요하고 빈약함)으로 말하면 이노의 호사에 비하야 우리 고산자의 고고(孤苦, 외로운 고난)는 진실로 동일이어(同日而語)할 바이 아니"며, "이노는 할 만한 일을 될 만큼을 이루었음에 대하여 고산자는 못 될 일을 억지로 하여 할 수 없는 큼과 거룩을 만들어낸 것"이라고 강하게 주장한다(최남선, 1925).

전국 답사설이나 백두산 등정설의 뿌리를 밝혀줄 수 있는 다른 문헌이 발견되지 않는 한, 이노 다다타카의 평판을 의식한 최남선이 그와 견주어 김정호의 위대함을 강조하기 위해 김정호도 전국을 걸어서 답사했다고 주장한 것이라고 추정해도 무리는 아닐 것이다.

최남선이 재구성한 김정호의 전설은 이후 여기저기 복제되어 퍼져 나가면서 정설이나 다름없는 권위를 가지게 되었다(이지수, 2011). 최남선은 1928년 《별건곤》에 김정호에 대한 또 다른 글을 썼는데, 3년 전과 달리 백두산 등정 여부에 대해 "세 번인지 네 번인지 올라갔었다"고 한 발 물러서면서도, 김정호 신화의 주요 요소들은 여전히 고수했다(최남선, 1928). 그리고 1929년 《소년》 잡지에 실린 두 편의 글을 통해 김정호에 관한 전설은 어린이와 청소년으로 그 독자층을 넓혔다.

최진순은 《학생》에 "대동여지도와 김정호 선생의 일생"을, 신영철은 《어린이》에 "피땀으로 조선 지도를 처음 만드신 고산자 김정호 선생 이야기"를 실었다(최진순, 1929; 신영철, 1929). 최진순과 신영철은 색동회 활동을 했다는 공통점이 있는데, 두 글은 모두 최남선의 글을 모태로 한 것으로 보인다(이지수, 2011). 특히 최진순의 글은, 최남선이 김정호가 지도를 위해 '순사'했다고만 모호하게 말했던 데 비해, "고산자의 부녀는 불쌍하게도 대원군의 손에 원통한 혼이 되고 말았습니다"라고 하여 흥선대원군에 의한 옥사설과 목판 소각설을 처음으로 명시했다는 점에서 주목할 만하다(최진순, 25쪽). 그리고 신영철은 아동문학이라는 특성에 맞게 김정호의 성장 과정을 상상으로 채워 넣었다. 잘 알려진 《조선어독본》의 김정호 이야기는 신영철의 글을 대화체로 바꾸었을 뿐 거의 그대로 차용하고 있다(조선총독부, 1934; 이지수, 2011). 교과서에 실리면서 김정호의 전설은 사실이 되어 최근까지 전해지게 되었다.

하지만 김정호 신화를 구성하는 일화들은 별다른 근거가 없으며, 이미 당대에도 이병도를 비롯한 역사학자들의 회의적인 시선을 피할 수 없었다(이병도, 1936). 그리고 1996년에 대동여지도의 원본 목판이 발견되면서 목판 소각설은 기각되었을 뿐 아니라 조선의 낙후함을 강조

자료 5 최남선, 〈고산자를 회함〉, 《동아일보》, 1925년 10월 8일.

하려는 '식민사관의 날조'라는 판정을 받았다.[2]

한편 과학사를 비롯한 역사학계는 김정호와 대동여지도를 돌출적이고 예외적인 사건으로 보지 않고 조선시대 지도의 발달사라는 큰 맥락에서 재평가하는 성과를 내놓기 시작했다(양보경, 1995; 배우성, 1998; 한영우·안휘준·배우성, 1999 등). 이 과정에서 팔도답사설 또한 논박되었다. 답사설을 뒷받침해줄 논거도 없을 뿐 아니라 김정호가 굳이 답사를 해가며 실측하지 않아도 될 만큼 이미 조선의 지도학이 많은 성과를 축적하고 있었다는 점이 밝혀진 것이다.

그런데 이렇게 김정호 신화를 구성했던 허구적 요소들이 논박되고 김정호와 대동여지도에 대한 이해가 깊어진 것이 더 나은 김정호 전기의 출판으로 이어졌는가? 1990년대 이후 어린이와 청소년을 위한 김정호 전기가 출판되는 빈도가 줄어든 것을 보면 그런 것 같지는 않다.

2   목판 발견 소식을 전하면서 소각설이 식민사관의 잔재라고 강하게 비판한 것이 다름 아닌 〈고산자를 회함〉을 실었던 《동아일보》라는 사실도 흥미로운 점이다.

1866년 고종3년

자료 6 팔도답사설과 옥사설은 김정호를 비운의 주인공으로 대중에게 널리 알리는 데 이바지하기는 했으나, 식민사관의 영향을 받은 탓에 김정호 한 사람을 높이느라 시대 전체를 낮추고 말았다. 이 잘 못된 일화들은 1990년대 공중파 방송에서도 그대로 답습되었다. '발로 그린 대동여지도, 김정호', 《만화 한국 인물사 초롱이의 옛날여행》(KBS, 1993) 중에서.

또한 2000년대까지도 옥사설을 버젓이 실은 책(돋움자리, 2000)들이 나오기도 한다. 어쩌면 출판시장에서는 김정호 옥사설의 진위가 중요한 것이 아니라 옥사설을 빌려 전달하려는 메시지가 무엇이었는지, 그리고 그 메시지가 접속하려는 더 큰 서사가 무엇이었는지가 중요하다고도 할 수 있다. 김정호는 쇄국정책의 후진성과 조선 사회의 고루함을 부각시키기 위해 호출된 것이고, 본격적인 역사 연구가 진행됨에 따라 그 서사에 잘 들어맞지 않게 되면서 위인전 주인공으로서의 매력을 잃어버리게 된 것은 아닐까?

이차원의 《대동여지도》(2006)를 비롯한 최근의 위인전들은 이와 관련하여 눈여겨볼 만하다. 이 책은 김정호 신화의 구성 요소들이 허구임을 지적하는 데 그치지 않고, 그럼에도 대동여지도가 왜 중요한 저작이며, 김정호는 어떤 점에서 위대한 지도 제작자인지 친절하게 설명한다. 나아가 김정호 신화의 허구성이 알려진 뒤에도 여전히 그 신화를 사실로 믿고 싶어하는 사람들이 많은 까닭이 무엇인지도 생각해볼 것을 제안한다. 이 같은 성찰적인 태도는 이 책을 단순히 위인의 업적을 찬양하는 위인전이 아닌, 한결 오래 두고 읽을 만한 책으로 만들어 준다. 그리고 냉정한 판관의 시선이 아니라 위인을 갈망하는 대중의 마음까지 이해하는 시선을 가질 때, 더 많은 사람이 찾는 더 좋은 책을 만들 수 있을 것이고 결과적으로 잘못된 속설을 더 효과적으로 바로잡을 수 있을 것이다.

3) 허준: 대중매체의 성공이라는 명성과 굴레

허준은 대중매체가 역사 인물에 대한 대중의 인식, 나아가 역사학계의 연구에 얼마나 큰 영향을 미치는지를 보여주는 대표적인 사례다. 1990년대가 되기 전에도 허준은 계몽사나 금성출판사 등 주요 출판사에서 펴내는 전집류 위인전에 대부분 포함될 만큼 중요한 인물이었다. 하지만 《동의보감》이라는 중요한 의서를 지었으며 서자라는 신분의 제약을 극복한 입지전적 인물이라는 점을 빼면, 위인전에 필요한 극적인 요소는 많지 않았다.

특히 《동의보감》은 특정한 병에 대한 비방을 실은 책이 아니라 당대 의학의 모든 것을 망라한 백과사전류의 의서라는 점에서, 의학사에서도 지극히 중요한 성과이기는 하지만 그 자체로 독자에게 허준의 '신묘한 의술'을 보여줄 수 있는 소재는 아니었다. 그래서 《동의보감》의 위대함에 대해서도 '중국과 일본에서도 앞다투어 이 책을 구해 갔다'는 식으로 책 내용보다는 외국의 평가와 같은 외부의 권위에 기대는 식의 설명이 많았다. 또한 허준의 의술에 대한 평가도 알기 쉽게 설명할 객관적 지표가 없다 보니 '임금의 병을 치료한 의사'와 같은 간접적 묘사에 머물렀다.

자료 7 허준 전기도 장영실과 마찬가지로 '서자의 설움'으로 성장기를 묘사하는 것이 보통이었다. '한의학의 선구자 허준', 《만화 한국 인물사 초롱이의 옛날여행》(KBS, 1993) 중에서.

　그런데 이은성의 《소설 동의보감》(1990)과 이에 바탕을 둔 TV 드라마(MBC, 〈동의보감〉; MBC, 〈허준〉)가 공전의 인기를 얻은 뒤 허준 위인전은 그 수가 크게 늘어났을 뿐 아니라 내용도 훨씬 '풍성하게' 바뀌었다. 서출이라는 신분의 장벽을 괴로워하다가 명의 유의태의 제자가 된것, 의술에 소질을 보여 유의태가 허준을 자신의 아들보다 더 신임하게된 것, 가난한 환자들을 돌보다 의과 시험에 늦어 낙방했다는 것, 유의태의 아들이 허준을 질투하여 적수로 등장한다는 것, 유의태가 자신의시신을 내주어 허준은 그를 해부하고 의술의 오묘한 이치를 깨닫게 된다는 것, 의과 급제 후 스승의 옛 라이벌이던 양예수와 내의원에서 갈등을 빚는다는 것 등이 모두 소설에 뿌리를 둔 허구적 장치다. 이들 허구와 그에 대비되는 역사적 사실에 대해서는 이미 여러 연구자들이 소상히 밝혀주었지만(신동원, 2001 등), 그럼에도 불구하고 1991년부터 2000년대 초반까지 출간된 허준 위인전은 소설의 줄거리를 그대로 따다 쓰면서 그 안의 극적인 요소를 모두 빌려 왔다. 《소설 동의보감》이출간된 직후 그 내용을 그대로 요약한 《(소설) 어린이 동의보감》이 출간되었고, 그 밖에도 1990년대 초반의 허준 위인전은 예외 없이 허준의

손에 해부도를 쥐어주었다(우좌명, 1990; 송기웅, 1992; 이소영, 1993 등). 이에 비해 《소설 동의보감》이 유행하기 전인 1990년에 출판된 허준 위인전은 해부 이야기를 싣지 않아 좋은 비교가 된다(유재용, 1990).

한편 1991년 한국과학기술진흥재단에서 펴낸 전집에 실린 허준 전기는 그 전집의 다른 전기들과 마찬가지로 과학사와 의학사의 전문가들이 참여하여 오류와 속설을 걸러낸 책으로, 1990년대 초반에 나온 허준 전기 가운데 거의 유일하게 유의태 해부 이야기를 비롯한 《소설 동의보감》 속 허구의 영향을 받지 않았다(한국과학기술진흥재단, 1991). 그러나 허구를 기각하는 바람에 극적 장치도 잃어버리게 되어 어린이 책치고는 건조해지고 말았다.

역사적 근거 없이 소설 내용에 의존하여 실존 인물의 전기를 쓰는 것은 당연하게도 많은 비판을 초래했다. 이 가운데 특히 유의태의 시신을 해부했다는 이야기는 많은 논란을 빚었다. 일화 자체가 (유의태라는 인물의 실존 여부를 포함하여) 근거 없는 허구이고, 한 번의 시신 해부로 무엇을 얼마나 알 수 있는지도 의문의 여지가 많으며, 무엇보다 해부를 해야 의술의 요체를 터득할 수 있다는 전제가 한의학의 본질에서 동떨어진다는 것이 비판의 요지였다(신동원, 2000). 의사학계뿐 아니라 한의학계에서도 비판이 끊이지 않자, 1990년대 중후반의 위인전에는 이 이야기가 빠지게 된다. 그럼에도 이 가공의 일화는 대중에게 강렬한 인상을 남겼고, 허준이 남보다 뛰어난 의술을 터득하게 된 비결인 양 받아들여졌다.

대중은 왜 이 가공의 일화를, 허구인 줄 알면서도 기꺼이 수용했을까? 이에 대한 답은 곧 이은성이 어째서 굳이 시신 해부라는 무리한 설정을 소설에 삽입했는지에 대한 답과 상통할 것이다. 이은성은 한의학의 한계가 외과 부문에 있다는 동시대 한국인들의 아쉬움 섞인 가정을 암묵적으로 공유하고 있었고, 그 아쉬움을 상상 속에서나마 해소하기 위해 "조선시대 가장 훌륭한 의사였던 허준은 해부도 했을 것이고, 그 결과 동시대의 다른 의사들보다 더 진보한(근대에 가까운) 의학지식을 얻게 되었을 것"이라는 주장을 폈으며, 작가의 아쉬움을 공유한 독자들은 그 주장을 환영했던 것으로 볼 수 있다. 이 주장이 사실이라면 "허준이 왜 독보적으로 훌륭한 의사였는지"에 대한 대답과 "한의학이 어떻게 했다면 근대 의학으로 이어질 수 있었는지"에 대한 대답을 동시에 얻을 수 있기 때문이다. TV 드라마 〈허준〉을 연출한 이병훈이 이후 〈대장금〉(MBC, 2003)과 〈마의〉(MBC, 2012) 등을 연출할 때도 구태여 제왕절개나 외과 수술과 관련된 장면을 집어넣은 것도 이러한 대중의 요구에 부응한 것으로 볼 수 있다.

이후 의학사에서 깊이 있는 연구가 속속 등장하면서 《동의보감》의 성격도 단순한 의학지식의 백과사전이 아니라 허준의 인체관과 질병관이 반영된 거대한 종합 의서로 새롭게 규정되었고, 임상가로서의 허준의 면모도 새롭게 조명되었다. 하지만 이들 연구 성과가 위인전 서술에까지 충분히 반영된 것은 아니다. 아직도 시중에는 소설에 바탕

🔴 동의동굴

➕ 확대 보기

허준과 그의 스승인 유의태가
의술을 연마한 곳 **동의동굴**

의성(醫聖) 유의태 선생은 조선 중기 선조때 명의로서
이름을 떨치며 의학과 약학을 연구, 자연속에서 한국 의
학의 근간을 세우시며 의학계고자 여름에도 얼음이 어는
밀양 얼음골 빙곡(氷谷)에 의 선구자 이시다.
남다른 성미로 인해 제자를 양성하지 못 하였으나 허준
과 인연이 되어 그에게 의술을 전하찾아와 동의굴에서
자신의 배를 할복, 허준에게 시술용으로 제공 하였다.
태의(太醫) 허준은 스승 유의태에게 약학, 의학, 침구학,
해부학에 이르기까지 의.약학 일체를 전수받아 일찍이
내의원에 들어가 선조의 옥체를 돌보있으며 채익법, 수
제법 등을 기록, 1596년부터 동의보감 편술에 들어가
정유재란을 겪으면서도 편찬작업을 속개하여 1610년에
의학지식을 총망라한 동의보감 25권책을 완간하였다.

그가 평생의 원력으로 신고끝에 펴낸 동의보감은 5백여년동안 우리나라를 비롯, 중국.일본 등 동양권에서 수십차례나 간본되어
동양 최고의 의서로 추잉, 존중받고 있다.
의인(醫人)인 유의태와 허준의 빛나는 업적과 그 뜻을 기리기 위해 여기 밀양 얼음골에 동의각을 설치하고 매년 8월이면 동의
축제를 개최하고 있다.

자료 9 허준이 유의태의 시신을 해부했다는 허구의 일화는 역사학계에서 이미 기각
되었음에도 불구하고 점점 널리 퍼져 사실인 양 받아들여지고 있다. 일부 지방자치단
체에서는 허준이 유의태를 해부한 '얼음골'이 자기 고장에 있다고 경쟁적으로 홍보하
고 있으며, 심지어 실존 여부가 불확실한 유의태를 허준과 함께 사당에 배향하기도 했
다. 윤색을 거듭하는 사이 표현은 더욱 과격해져서, 유의태가 자신의 시신을 내어주
기 위해 '할복'했다는 지경에 이르렀다. 한 지방자치단체의 홈페이지에서.

을 둔 '재미있는' 허준 전기와, 허구적 요소를 덜어내 건조해진 '재미없
는' 전기가 혼재되어 있다.

《동의보감》 발간 400주년을 맞아 MBC에서 방영한 드라마 〈구암
허준〉(2013)도 이런 오류들에서 자유롭지 않다. 〈허준〉(1999)이 방영
된 지 14년이 지났고, 그사이에 소설과 드라마의 오류를 바로잡고 대
중문화와 전문 역사 연구 사이의 대화를 촉진하려는 여러 가지 노력이
있었음에도, 새로 제작한 드라마가 이를 전혀 반영하지 않고 전작의

대중적 성공만을 추종했다는 것은 매우 안타까운 일이다.

4) 지석영: 위인과 그의 시대

지석영은 위인전 자체의 서술 방식 외에도 그 인물을 둘러싼 최근의 논란 때문에 흥미로운 연구 대상이다. 지석영도 허준과 마찬가지로 1990년대까지 전집류에 꼭 들어가는 인물이었다. 종두 보급이 갖는 사회적 의미가 크고, 지석영의 업적이 근대화의 선각자로서 뚜렷하기도 했거니와, 근대 인물이라 비교적 자료가 풍부하게 남아 있어 책을 쓰기에 수월했으리라는 점도 이유로 짐작할 수 있다.

그런데 1994년 10월 문화체육관광부가 '이달의 문화 인물'로 지석영을 선정하면서 예기치 않은 논란이 일어났다. 문체부 국정감사에서 지석영이 1909년 이토 히로부미의 추도식에서 추도문을 읽은 사실을 지적하며 '이달의 문화 인물' 선정과 그에 따른 KBS의 전기 만화영화 방영의 정당성에 대해 문제를 제기한 것이다(경향신문, 1994; 이근영, 1994; KBS, 1994). 추도문의 내용은 지금까지도 확인되지 않고 있으며 추도문을 읽었다는 1909년 당시의 《황성신문》 보도 기사만 전해질 뿐이지만, 이 논란 이후 지석영은 긍정 일변도로 평가되던 인물에서 논란의 여지가 있는 인물로 평가가 바뀌었다(황상익, 2010).

2005년 '과학기술인 명예의 전당'이나 '부산을 빛낸 인물' 후보로 선정되기도 했으나 이 논란의 여파로 결국 최종 선정 과정에서 배제되었다. 지석영의 위인전도 1994년 이전에 비해서 출간 빈도가 줄어든 것으로 보인다.

내용도 전해지지 않는 지석영의 추도사가 이렇게 논란이 된 까닭은 무엇일까? 이토 히로부미라는 인물의 비중을 생각하면 납득할 수 있

자료 10 지석영이 이토 히로부미의 추도식에서 추도사를 읽었다는《황성신문》기사(1909년 12월 14일). 하지만 지석영의 '친일행적'에 대한 자료는 더 발견되지 않고 있다.

는 논란이기는 하나, 당시 관제 추도회가 여러 차례 열렸고 심지어 대한제국 정부에서도 순종 황제가 친히 안중근을 비난하고 이토 히로부미를 애도하는 입장을 밝혔던 것을 감안하면 지석영이 필요 이상 비난을 받는 것으로 보인다.

당시 지석영은 1907년부터 교장을 맡고 있던 의학교가 대한의원 의육부로 통합되면서 일본인 의사 고다케(小竹武次)에게 교장직을 내주고 학감으로 물러나 있었다. 따라서 이토 히로부미의 추도사를 읽는다고 해서 큰 현실적인 이익을 기대할 수 있는 상황이 아니었다. 실제로 1910년 국권 상실 후 학감 자리를 내놓고 관가 경력에 마침표를 찍었다. 그전인 1906년에는 민영환의 1주기 추모식에서 연설을 하기도 했고, 1909년에는 이재명이 이완용을 습격한 사건의 배후로 지목받아 경찰의 조사를 받았다(황상익, 2010). 이처럼 당시 지석영의 행적은 단순한 친일파로 분류할 수 있는 것은 아니었다.

자료 11 조선 민중이 특별히 어리석어 종두법을 두려워하고 받아들이지 않았던 것은 아니다. 종두법이 개발된 영국에서도 초창기의 의심과 두려움은 크게 다르지 않았다. 지석영의 업적을 높이기 위해 조선 민중의 반발을 지나치게 강조하는 것은 또 다른 왜곡일 수 있다. 우두를 맞으면 소처럼 변할 것이라는 1802년의 영국 풍자화.

그런데도 추도사가 논란이 되었던 것은 지석영이 걸어온 길 자체에 대한 의구심이 추도사 낭독이라는 사실을 빌미로 수면 위로 올라온 것으로 해석할 수 있다. 추도사를 읽었느냐 아니냐가 문제가 아니라, 지석영의 종두법 습득과 보급 과정, 그리고 근대 의학의 도입 전반에는 일본의 그림자가 짙게 드리워 있다.

1879년 지석영에게 종두법의 기초를 가르쳐준 것은 부산 개항장의 일본 의원 제생의원(濟生醫院) 의사 마쓰마에 유즈루(松前讓)와 도쓰카 세키사이(戶塚積齋)였다.[3] 뒷날 "일본 의사와 깊이 상종한다고 하여 동

---

3 일부 위인전에는 '마쓰마에' 또는 '마츠마에'가 '마쓰마 원장'으로 잘못 쓰여 있는데, 이 오류 또한 몇몇 책들에서 반복하여 복제되고 있다.

래의 포교들에게 (……) 고초를 당하"기도 했다고 술회한 것으로 보아 지석영 스스로도 이에 따르는 정치적 부담을 알고 있었다(《매일신보》, 1931). 이듬해 지석영이 도쿄를 방문하여 축우와 우두 배양을 비롯한 종두법의 전 과정을 배울 때에는 이노우에 가오루(井上馨)를 비롯한 일본 고위층의 알선이 큰 도움을 주었다. 전국 최초로 종두법을 관 차 원에서 실시하고 지석영에게 자문을 구한 사람은 박영효의 형인 전라 도 어사 박영교(朴泳敎)였다. 지석영의 스승 박영선(朴永善)을 비롯한 주변 개화파 인물들도 일본 인맥에 의존했다. 갑신정변 직후와 아관 파천 직후 친일 개화당이 실각할 때마다 지석영이 탄핵을 받고 유배된 것은 당대의 정치 지형에서 그 또한 친일 개화당의 일원으로 분류되었 기 때문이다. 예를 들어 갑신정변 후인 1887년에는 "박영효가 흉악한 음모를 꾸밀 때 간사한 계책을 몰래 도와준 자는 지석영이며, 박영교 가 암행어사로 나갔을 때 학정을 도와주고 가르쳐주어 백성들에게 해 악을 끼치게 한 자도 지석영"이라는 서행보(徐行輔)의 탄핵 상소가 올 라갔고, 결국 지석영은 귀양길에 올랐다(《고종실록》, 1887).

이처럼 혼란스러운 당시의 정치 상황은 지석영이 이토 히로부미의 추도사를 읽었느냐 아니냐보다 더 중요한 문제를 제기한다. 지석영의 시대를 어떻게 이해할 것인가? 지석영을 반대하고 탄핵한 사람들을 어떻게 평가할 것인가? 임오군란의 와중에 종두장을 습격한 무당과 군인들은 미신의 노예이고, 단지 의학을 배우려는 뜻을 가졌던 지석영 을 친일당으로 '잘못 안' 것인가?(장수민, 2006) 서행보를 위시하여 지석 영의 상소 내용을 반박하고 그를 탄핵한 대신들은 위인전의 표현처럼 '간신배'이며, 지석영의 귀양은 '자신의 지위를 지키려는 간신들의 견 제' 때문인가?(한국과학기술진흥재단, 1991) 토포사 지석영이 왕명에 충 실했을 뿐이라면, 그가 '토벌'했던 동학군은 어떻게 평가할 것인가?

주인공이라는 이유로 지석영의 입장을 변호하다 보면 지석영과 대립했던 사람은 모두 악하거나 틀린 것으로 몰아세우기 쉽다. 하지만 이처럼 복잡한 격변기의 사건들을 선과 악 또는 진보와 인습의 구도로 양분하는 것이야말로 정작 높이려는 인물의 참모습을 파악하기 어렵게 함으로써 독자에게 더 큰 악영향을 끼칠 수 있다.

예를 들어 다음 자료는 2005년 출판된 지석영 전기에 실린 삽화로, 종두를 익히고 서울로 돌아오던 지석영이 1879년 말 충주의 처가에서 어린 처남에게 종두를 해주고자 장인을 설득하는 모습이다(이경애, 2005). 주목할 것은 단발령이 공포되기 16년 전인 1879~1880년에 유독 지석영만 단발을 한 모습으로 묘사된다는 점이다. 지석영이 이 시기에 단발을 하지 않았다는 것은 자명한 사실이며, 실제로 1882년 과거에 급제한 뒤 관복을 입고 찍은 사진이 오늘날까지 전해오고 있다.

지석영은 단발은 고사하고 고종이 무분별하게 서양 문물제도를 도입하는 데 반대하는 상소를 올리기도 했다. 육영공원의 외국어 교사에게 특별대우를 하는 것을 비판한다든가 양력 사용을 반대하고 음력으로의 복귀를 촉구한다든가 하는 상소는, 지석영이 우리가 상정하는

자료 12 지석영을 단발로 묘사한 삽화. 이경애 글, 강미숙 그림, 《우리나라 최초로 서양 의술을 펼친 지석영》, 키즈랜드, 2005.

자료 13 관복을 입은 지석영의 모습, 1890년경으로 추정된다. 기창덕, 《한국근대의학교육사》, 아카데미아, 1995.

'근대인'의 틀로 쉽게 재단할 수 없는 인물임을 보여준다(《고종실록》, 1887; 1897).

하지만 이러한 사실들과 무관하게 삽화가는 지석영을 '근대인'으로 그려야 한다는 것을 무의식 중에 전제한 것은 아닐까? 그리고 지석영이 '근대인'이어야 한다는 우리의 전제가 오히려 지석영의 복잡한 정체성, 그리고 그가 살았던 시대의 복잡함을 이해하는 데 걸림돌이 되는 것은 아닐까?

5) 우장춘: 과학사 연구와 대중 출판의 선순환

마지막으로 살펴볼 우장춘의 사례는 드물게 전문가들의 연구 성과가 대중 저술을 좋은 방향으로 이끈 경우에 속한다. 우장춘의 전기도 1980년대까지는 항간의 풍설에 바탕을 두고 '씨 없는 수박의 발명자'를 전면에 내세우고, 망명객의 유복자로 일본에 살면서 겪었던 인종차별과 정체성의 혼란을 조국에 돌아와 극복하는 이야기를 곁들이는 것이 대부분이었다(장욱순, 1975).

사실 우장춘은 자신이 씨 없는 수박을 발명했다고 말한 적이 없다. 과학적 육종학의 위력을 보여주어 농민들의 신뢰를 얻기 위해 옛 동료 기하라 히토시(木原均)의 실험을 재연해 보인 것뿐이었다. 이 소식

자료 14 씨 없는 수박 시식회를 보도한 신문 기사. '우장춘 박사 환영회 겸 씨 없는 수박 시식회,' 《영남일보》 1955년 7월 30일; '인물한국사: 씨앗의 독립-우장춘,' KBS, 2004년 2월 27일 방영에서 재인용.

을 언론이 보도하는 과정에서 "우장춘 박사가 만든 씨 없는 수박"이라는 표현이, 우장춘이 씨 없는 수박을 발명했다는 뜻으로 받아들여지게 된 것으로 보인다. 《영남일보》에 실린 "우장춘 박사 환영회 겸 씨 없는 수박 시식회"라는 기사(〈자료 14〉)가 우장춘과 씨 없는 수박을 결부시킨 최초의 사례로 알려져 있다(《영남일보》, 1955; KBS, 2004).

그러다가 1990년 일본의 저술가 쓰노다 후사코(角田房子)가 쓴 우장춘의 전기가 나오면서 씨 없는 수박의 발명자는 우장춘이 아니라는 사실이 대중에게도 알려지게 되었다(角田房子, 1990). 쓰노다의 책이 한국에도 소개되자, 이후의 저술가들은 씨 없는 수박 신화를 버리고 우장춘의 업적을 새롭게 조명해야 하는 과제를 안게 되었다. 한 어린이 위인전은 쓰노다의 책을 읽고 '과장된 신화'를 믿어왔던 것이 '부끄러웠'다고 진술하게 머리말에서 밝히기도 했다(정종목, 1996). 다만 새로 기획해서 쓴 책이 아니라 기존의 전집류를 재판하는 경우에는 내용을 바로잡지 않았기 때문에, 1990년대 중후반까지 시중의 우장춘 전기는 씨 없는 수박 신화를 고수하는 책과 그것을 버리고 우장춘의 품성과 조국애

를 강조하는 책이 혼재되어 있었다(김경모, 1995). 씨 없는 수박 이야기
는 더러는 2009년에 출판된 책에서도 살아남은 것을 확인할 수 있지만
(소민호, 2009), 1990년대 후반 이후에는 확실히 사라져가는 추세다. 하
지만 단순한 인물전이 아니라 과학위인전의 위상을 다시 찾으려면 씨
없는 수박이 아닌 우장춘의 고유한 업적을 규명하는 일이 필요했다.

　1990년대의 우장춘 전기는 '페튜니아 꽃의 마법사', '육종학의 권위
자' 등 몇 가지 새로운 수식어를 시험해보는 단계를 거쳤다. 하지만
'씨 없는 수박'만큼 강렬하게 독자를 사로잡는 표현은 나오지 않았다.
여기에 도움을 준 것이 한국과학사 전문가들의 연구였다. 김근배와
오동훈 등 한국 근현대 과학기술사 연구자들은 우장춘이 '종의 합성'
이론을 세워 육종학에 큰 자취를 남겼을 뿐 아니라 이를 채소 육종에
응용함으로써 광복 직후 남한의 과채 농업의 재건을 주도했다는 사실
을 보였다(오동훈, 2001; 김근배, 2004). 김근배는 이 연구 성과를 바탕으
로 청소년용 우장춘 전기를 직접 쓰기도 했다(김근배, 2009).[4] 다소 추
상적으로 들리는 '종의 합성'에 과채 농업의 재건이라는 현실적 의의
를 덧붙임으로써, 우장춘의 연구 업적은 국가와 민족을 위한 것으로
재인식되었다.

　이들의 연구 성과는 2003년 '과학기술인 명예의 전당' 개관과 함께
우장춘이 헌액되면서 대중적으로 공표되었고, 이에 따라 씨 없는 수박
신화를 버리고서도 우장춘의 업적을 대중적으로 알리는 계기가 마련
되었다. 이를 바탕으로 KBS는 2004년 〈씨앗의 독립, 우장춘〉이라는
다큐멘터리를 방영하여 우장춘의 이미지를 새롭게 구축하는 데 성공

4　다만 김근배가 쓴 '휴머니스트'라는 표현은 우장춘의 업적을 민족주의 또는 국가
　주의적 시선으로 재단하려는 데 대한 비판의 뜻을 담고 있기도 하다.

그림 15 2000년대 후반에 나온 우장춘 전기에도 여전히 '씨 없는 수박의 개발자'로 우장춘을 소개하고 있다. 그림은 2008년에 출간된 한 위인전의 표지.

했다. 이후 우장춘 전기는 대부분 '씨앗'을 제목에 넣거나(김순한, 2006; 오민석, 2006; 김은식, 2007; 은정아, 2009), 한국 농업의 재건과 성장에 우장춘이 어떻게 기여했는지를 강조하고 있다(박상재, 2006; 전주원, 2006; 박남정, 2007; 민현숙, 2007). '씨앗의 독립'이 '씨 없는 수박'을 대체하는 우장춘에 대한 공식적인 해석으로 자리 잡은 것이다.

한편 우장춘의 영웅 서사의 또 다른 한 축을 이루는 그의 성장기는 어린이 책에서 선택적으로 다루어지고 있어 흥미롭다. 우장춘의 성장기는 "망명객의 유복자가 일본 땅에서 차별과 설움을 딛고 성공한 학자가 되고, 일본의 만류를 뿌리치고 다시 고국의 품으로 돌아오는" 줄거리로 요약할 수 있다. 그런데 우장춘이 망명객의 유복자로서 일본에서 어떤 설움을 당했으며 어머니가 어떤 가르침을 주어 그 난관을 헤쳐 나갔는지는 대부분의 위인전에서 매우 상세하게 묘사되지만, 그가 왜 망명객의 유복자가 되었는지, 그의 아버지 우범선이 왜 망명객이 되었는지를 다룬 어린이용 위인전은 거의 없다. 을미사변은 물론 심지어 '우범선'이라는 이름조차 책에서 한 번도 언급하지 않는 것이 태반이다. 이는 성인용 책과 어린이 위인전이 가장 큰 차이를 보이는

자료 16 〈씨앗의 독립, 우장춘〉(KBS, 2004)의 타이틀 화면.

지점이어서 한층 흥미롭다. 쓰노다의 책을 비롯하여 성인 독자를 대상으로 한 우장춘의 전기는 그가 우범선의 아들이라는 사실을 오히려 강조하는 경향이 있다. "조국을 배신한 망명객의 아들이 고국으로 돌아와 조국에 봉사한다"는 서사가 극적 효과를 극대화하기 때문이다. 하지만 어린이 책의 속성상 이와 같이 설명하기 껄끄러운 부분은 싣기 어렵기 때문에, 이 부분은 앞으로도 어린이 책에서 다룰 가능성이 높지 않아 보인다.

이처럼 민족주의 또는 국가주의라는 제약은 아직도 남아 있지만, 그럼에도 우장춘의 사례는 전문가의 연구 성과가 실제로 어린이 책을 더 나은 방향으로 바꾸었다는 점에서 시사하는 바가 크다.

4. 마치며: 연구와 대중화의 상호 보완을 위한 제안

어린이와 청소년을 위한 과학기술자 위인전을 평가할 때 '장르가 지닌 일반적인 한계를 지적'하다 보면 장르 자체에 대한 공격으로 흐르기 쉽다. 하지만 전문가가 상아탑 안에 앉아서 기존 출판물의 한계와 오류를 지적하는 것은 너무 쉬운 선택이며, 또한 아무것도 바꾸지 못하는 선택이기도 하다. 전문가들이 단순히 틀린 점을 나열하고 지적하는 것을 넘어서, 대안으로 쓸 수 있는 서사를 제시해줄 때 더 나은 책이 만들어지고 그 책의 독자들이 진지한 역사서의 독자로 성장하는 선순환이 일어날 가능성이 높다.

이를 위해서는 책의 기획 단계부터 전문가의 자문을 받고 협업을 하면 좋겠지만, 어린이 책 시장의 현실을 감안하면 모든 출판사가 택할 수 있는 길은 아닐 것이다. 현실적으로는 과학기술사 전문 연구자들이 성인용 대중서를 더 많이 내는 것이 가장 효과적인 방법일 수 있다. 성인용 대중서는 성인 독자들이 읽을 뿐 아니라 다시 어린이와 청소년 책의 저본으로 활용되기 때문이다. '과학기술인 명예의 전당' 사업을 위한 헌정자 업적 보고서가 책으로 묶여 나오자 출판계에서 그것을 참고하여 기왕의 오류를 교정하고 더 이상의 오류를 피할 수 있었던 것이 좋은 예다(김근배 외, 2005).

다만 현실적으로 풀어야 할 문제가 남아 있다. 출간된 대중서를 참고하여 새로 책을 만드는 경우에는 협업이 아니기 때문에 원저자의 기여를 인정하거나 알리기가 쉽지 않다. 그리고 현재의 학계 풍토에서 대중서를 내는 것이 경력에 큰 도움이 되지 않는다는 점도 감안해야 한다. 이들 문제를 개선하거나 이에 상응하는 인센티브를 주는 제도도 필요하다. 나아가 자문을 원하는 출판사와 전문 연구자를 연결해줄 수 있는 공간이 마련된다면 쌍방에게 많은 도움이 될 것이다. 이러한 공간을 통해 전문가들의 연구 성과가 어린이·청소년 책으로 흘러들어가고, 반대로 대중서 시장의 목소리가 전문가들에게 전해질 수 있다면, 위인전이라는 장르도 박제된 이데올로기를 주입하는 것을 넘어 어린이와 청소년에게 스스로 생각하게 만드는 역할을 할 수 있을 것이다.

* 이 글은 《역사학보》 218집(2013년 6월 30일)에 특집 논문으로 게재되었다.

참고문헌

〈동의보감〉, MBC, 1991년 11월 4일~12월 17일 방영.
〈만화 인물한국사: 지석영〉, KBS, 1994년 10월 14일 방영.
〈허준〉, MBC, 1999년 11월 29일~2000년 6월 27일 방영.
〈인물한국사: 씨앗의 독립─우장춘〉, KBS, 2004년 2월 27일 방영.
〈대왕 세종〉, KBS, 2008년 1월 5일~11월 16일 방영.
〈구암 허준〉, MBC, 2013년 3월 18일~9월 27일 방영.

《고종실록》, 고종 24년(1887) 3월 29일, 〈장령 지석영이 상소를 올려 공가, 화폐
    등 문제를 보고하다〉.
《고종실록》, 고종 24년(1887) 4월 26일, 〈부사과 서행보가 갑신년의 역적을 처벌
    할 것을 청하는 상소를 올리다〉.
《고종실록》, 고종 34년(1897) 12월 21일, 〈지석영이 양력 사용을 없애고 음력을
    사용할 것에 대하여 상소를 올리다〉.
〈조선의 '제너' 송촌 지석영 선생: 곰보를 퇴치하던 고심의 자취〉, 《매일신보》,
    1931년 1월 25일.
〈발명조선의 귀중한 수확: 혁혁한 선인 유업에 천재적 창안〉, 《동아일보》, 1936
    년 1월 1일.
〈우장춘 박사 환영회 겸 씨 없는 수박 시식회〉, 《영남일보》, 1955년 7월 30일.
〈국감현장〉, 《경향신문》, 1994년 9월 29일.
〈김정호 옥사 식민사관 날조 입증〉, 《동아일보》, 1996년 2월 12일.

김경모 글, 정선지 그림, 《씨 없는 수박》, 초록별, 1995.
김근배 글, 조승연 그림, 《우장춘: 종의 합성을 밝힌 과학 휴머니스트》, 다섯수레,
    2009.
김근배 외, 《한국 과학기술 인물 12인》, 해나무, 2005.
김근배, 〈우장춘의 한국 귀환과 과학연구〉, 《한국과학사학회지》 26권 2호, 2004.
김성진, 〈기록문에 대한 상상적 접근의 일례: 장영실 관련 기록을 중심으로〉, 《동
    양한문학연구》 27집, 2008.
김순한 글, 이경국 그림, 《생명의 씨앗을 뿌린 육종학자 우장춘》, 한국몬테소리,

2006.

김은식 글, 최현묵 그림,《우장춘: 씨앗의 힘 씨앗의 희망》, 봄나무, 2007.

김종록,《장영실은 하늘을 보았다》전2권, 랜덤하우스중앙, 2005.

돋움자리 엮음,〈김정호〉,《초등학생을 위한 인물사전》, 시공주니어, 2000.

문중양,〈세종대 과학기술의 '자주성', 다시 보기〉,《역사학보》189, 2006.

민현숙,《우장춘: 조국의 대지에 꽃피운 희망의 씨앗》, 웅진씽크빅, 2007.

박남정 글, 한철후 그림,《우장춘: 한국 농업의 근대화를 열다》, 기탄교육, 2007.

박상재 글, 이재복 그림,《우장춘: 우리 농학을 일깨운 씨앗 박사》, 삼성비엔씨,
　　　2006.

배우성,《조선후기 국토관과 천하관의 변화》, 일지사, 1998.

소민호 글, 신근식 그림,《우장춘: 씨 없는 수박을 만들어낸 세계적인 육종학자》,
　　　효리원, 2009.

송기웅 글, 심상찬 그림,《허준과 동의보감》, 꿈동산, 1992.

신동원,〈허준은 스승의 시신을 해부했을까〉,《과학동아》2000년 4월호.

＿＿＿,《조선사람 허준》, 한겨레신문사, 2001.

신영철,〈피땀으로 조선지도를 처음 만드신 고산자 김정호 선생 이약이〉,《어린이》
　　　7권 3호, 1929년 3월.

이병도,〈고산자의 지도〉,《동아일보》, 1936년 1월 3일.

양보경,〈대동여지도를 만들기까지〉,《한국사시민강좌》16집, 일조각, 1995.

오동훈,〈겨레의 농학자 우장춘〉, 박성래·신동원·오동훈 지음,《우리과학 100
　　　년》, 현암사, 2001.

오민석 글, 경혜원 그림,《우장춘: 씨앗은 우주다》, 랜덤하우스코리아, 2006.

우좌명 글, 신웅섭 그림,《(소설)어린이 동의보감》1~2권, 산울림, 1990.

유재용 글, 홍성찬 그림,《허준》, 삼성출판사, 1990.

은정아 글, 김민정 그림,《미래를 품은 씨앗, 우장춘》, 여원미디어, 2009.

이경애 글, 강미숙 그림,《우리나라 최초로 서양 의술을 펼친 지석영》, 키즈랜드,
　　　2005.

이근영,〈'지석영은 친일인물' 지적〉,《한겨레》, 1994년 10월 14일.

이소영,《(이야기)동의보감》, 명문당, 1993.

이은성,《소설 동의보감》전3권, 창작과비평사, 1990.

이지수,〈인물이야기의 최근 경향과 생각해볼 점들〉,《창비어린이》16호, 2008.

＿＿＿,〈김정호 신화의 탄생〉, 미발표 원고, 2011.

이차원 글, 강경선 그림,《대동여지도》, 웅진주니어, 2006.

임종태,〈김용관의 발명학회와 1930년대 과학운동〉,《한국과학사학회지》17, 1995.

장수민 글, 원유미 그림, 신병주 감수,《지석영: 천연두를 물리친 의사》, 기탄동화, 2006.

장욱순 엮음,《과학입국의 등불: 지석영, 우장춘》, 학력사, 1975.

전상운,〈이조시대의 강우량 측정법에 대하여〉,《향토서울》16, 1963a.

_____,〈이조시대의 시계 제작소고〉,《향토서울》17, 1963b.

_____,《한국과학기술사》, 과학세계사, 1966.

_____,〈조선전기의 과학과 기술〉,《한국과학사학회지》14권 2호, 1992.

전주원 글, 신민재 그림,《우장춘: 우리 농업을 일으킨 과학자》, 기탄동화, 2006.

정다함,〈여말선초의 동아시아 질서와 조선에서의 漢語, 漢吏文, 訓民正音〉,《한국사학보》36, 2009.

정종목 글, 정유정 그림,《꽃씨 할아버지 우장춘》, 창작과비평사, 1996.

조선총독부,〈김정호〉,《조선어독본》, 조선총독부, 1934.

최남선,〈고산자를 회함: 근대조선의 최대 국보〉,《동아일보》, 1925년 10월 8~9일.

_____,〈70년 전에 단기실사, 독력창제한 고산자의 대동여지도〉,《별건곤》, 1928년 5월호.

최진순, '대동여지도와 김정호 선생의 일생',《학생》창간호, 1929년 1월.

한국과학기술진흥재단 엮음,《세계과학위인전기전집 20: 허준, 이제마, 지석영, 우장춘》, 한국과학기술진흥재단, 1991.

한영우·안휘준·배우성,《우리 옛지도와 그 아름다움》, 효형출판, 1999.

황상익, '이토 히로부미 추도한 지석영의 속내는…',《프레시안》, 2010년 3월 4일 (http://www.pressian.com/article/article.asp?article_num=60100303 185940&Section=04).

角田房子,《わが祖國−禹博士の運命の種》, 新潮社, 1990(오상현 옮김,《조국은 나를 인정했다》, 교문사, 1992).

冲方丁,《天地明察》, 角川書店, 2010.

'伊能忠敬−ウィキペディア'(http://ja.wikipedia.org/wiki/伊能忠敬).

竜田洋二郎 監督, 映画〈天地明察〉, 2012.

지구적 관계 맺기

'착한 초콜릿' 수업 실천을 통한 성찰

류현종

사람이 온다는 건
실은 어마어마한 일이다
그는
그의 과거와
현재와
그리고
그의 미래와 함께 오기 때문이다.
한 사람의 일생이 오기 때문이다.

— 정현종, 〈방문객〉 중에서

1. 시작하며

'인간관계'. 참으로 부정적인 단어로 인식된다. 줄서기나 인맥 만들기와 관련하여 사용되는 까닭이다. 하지만 '나'란 존재는 배타적이거나 독립적일 수 없다. 내가 만난 모든 사람들, 내 속에 들어와 있는 모든 사람들, 내가 겪은 모든 사건들, 이 모두가 나를 구성한다(신영복, 41~43쪽). 이것이 나 자신을 위한 존재론보다는 여러 사람을 위한 관계론을 생각해야 하는 이유다.

사회과는 '관계'를 다룬다. 사회과 학습을 통해 시간, 공간, 사람과의 만남이 이루어진다.[1] 사회과는 "시민성 교육을 위한 인간관계에 관련

---

1 7차 사회과 교육과정의 영역은 '인간과 공간', '인간과 시간', '인간과 사회'로 나뉜다. 이 영역 구분에서 관계론의 사고를 엿볼 수 있다. 사회를 인식하고 살아가는 사람들이 만나는 기본적인 속성을 공간, 시간, 사람으로 전제한다. 물론 이 아이디어에 맞게 교육과정 내용이 구성되었는가는 별개의 문제다. 이 아이디어들이 2007 개정 사회과 교육과정부터 사라졌다. 영역이 '역사 영역', '지리 영역', '일반사회 영역'으로 나뉘었다. 이는 사회과가 지닌 관계론적 특성들이 약화되고 있다는 점을 보여준다. 지금 현재 2009 개정 사회과 교육과정이 적용되고 있으나, 이 글에

한 경험과 지식의 통합체"(Barr, Barth & Shermis, 69쪽)라는 정의에 마음이 가는 이유도 바로 이 때문이다. 홀로 사회 현상을 인식하고 의사결정하는 한 인간을 전제하는 여타 정의와는 다르다. 현실을 살아가는 사람들이 서로 얽혀서 빚어내는 다양한 모습에 주목한다.

초등학교 사회과 교육과정에서는 다른 나라와 서로 주고받는 영향과 관계를 꾸준히 다루고 있다. '세계로 뻗어가는 경제'라는 주제로 교역 대상으로 세계를 바라보기도 하고, 다른 나라에게 개방한 후 변화된 우리의 정치·사회 모습을 보여주기도 하며, 우리와 관계 깊은 나라로 중국, 일본, 러시아, 미국의 문화와 지리를 소개하기도 한다. 종래에는 6학년에 이르러서야 세계를 배울 수 있는 독자적인 단원이 설정되었다. 하지만 2007 개정 사회과 교육과정에서는 3학년에서도 다른 나라를 접할 수 있는 단원이 설정되었다.[2] 이렇게 '지구적 관계'와 관련한 내용을 다양하게 제시했다고 해서 지구적 관계 학습이 올곧게 실현될까?

'관계있다.' 어떤 망 속에서 서로 상호작용하며 모종의 삶에 영향을 미치는 상태를 말한다. 부대낌의 정도에 따라 관계의 깊이가 달라진다. 내 피부에 직접 와닿아야 관계가 이루어진다. 직접적인 접촉이 없

제시된 수업은 2007 개정 교육과정이 적용된 시기에 이루어진 것이다. 따라서 7차 사회과 교육과정과 2007 개정 사회과 교육과정을 중심으로 논의를 진행하기로 한다.

2 초등학교 7차 사회과 교육과정에서는 6학년 2학기 교과서에 2단원 '함께 살아가는 세계'와 3단원 '새로운 세계에서 우리가 할 일'이 설정되어 있다. 3학년의 가정, 이웃에서 시작된 사회와의 계열 원리가 6학년 막바지에 '세계'로 마무리된 것이다. 2007 개정 사회과 교육과정에서는 3학년도 '세계'를 학습할 수 있다. 예를 들어 3학년 단원에 '세계 여러 나라의 명절과 기념일'이 설정되어 다른 나라 사람들의 생활모습을 우리 생활과 비교할 수 있는 경험을 제공하고 있다.

는 한, 관계는 쉽게 이루어지지 않는다. 시공간적으로 멀리 있는 현상이나 사람과는 관계 맺기가 힘들다. 앞서 제시한 '관계론'이 무색해진다. 이런 상황에서 지구적 관계 맺기는 가능해 보이지 않는다. 다른 국가의 문제나 세계 문제가 나에게 '피해'를 주지 않는 이상 그 문제는 나와 관계없다. '내 안에 너 있다'는 보편 원리를 내세운다 한들 한낱 구호로 들릴 뿐이다.

이 글에서 필자는 사회과 수업을 하면서 지구적 관계 맺기의 가능성과 어려움을 생각해보았던 경험을 소개하고자 한다. 필자가 초등학교 4학년 학생들과 함께했던 '착한 초콜릿' 수업을 바탕으로 지구적 관계 맺기의 의미를 살펴본다. 사회과 교육과정 속에 나타난 '지구적 관계'를 비판적으로 분석하고, 이를 벗어나려 했던 대안적인 수업 실천 사례를 제시할 것이다. 이를 바탕으로 지구적 관계 맺기의 실천 방향을 생각해볼 것이다.

2. 교육과정 속 '지구적 관계'

사회과 교육과정 전체 내용에 '지구적 관계'가 어떻게 재현되고 있는지를 살피는 작업이 필요하다. 그러나 여기서는 필자가 수업했던 주제와 관련된 단원만을 분석하기로 한다. 다양한 공간 규모의 '관계'를 가르치는 것을 목적으로 하는 단원이기 때문에 '지구적 관계'를 구체적으로 사고할 수 있는 기회가 될 것이다. 분석 단원은 2007 개정 사회과 교육과정의 4학년 2학기 '(3) 우리 지역과 관계 깊은 곳들'이다. 먼저, 교육과정 단원 내용을 살펴보면 다음과 같다.

(3) 우리 지역과 관계 깊은 곳들

내가 살고 있는 지역에 대한 이해에 기초하여 우리 지역과 관계가 깊은 다른 지역의 자연적·인문적 특성을 파악하고, 그 상호의존적인 관계를 이해한다. 따라서 다양한 공간 규모에서 여러 가지 자료를 이용하여 우리 지역과 지리적으로 인접하거나 정치·경제·사회·문화적으로 관계가 깊은 다른 지역을 선정하여 그 특성을 조사한다. 그리고 우리 지역과 다른 지역 사람들의 생활이 밀접하게 관련되어 있음을 구체적 사례를 중심으로 이해한다.

① 지역 간 교류의 여러 가지 사례를 찾아보고 상호의존이 필요한 까닭을 이해한다.
② 우리 지역이 다른 지역과 밀접한 관계를 맺고 있음을 사례를 중심으로 이해한다.
③ 우리 지역과 자연적·인문적으로 관계가 있는 지역을 다양한 공간 규모에서 선정한다.
④ 우리 지역과 관계가 깊은 다른 지역의 위치를 지도에서 확인하고, 자연적·인문적 특성을 조사한다.
⑤ 우리 지역과 관계 깊은 다른 지역을 비교하여 자연적·인문적 특성의 차이를 이해한다.
⑥ 다양한 지도, 사진, 그래프, 도표를 통해 우리 지역과 다른 지역의 상호관련성을 파악한다. (고딕은 필자 강조)

단원 구성 관점과 6개의 성취 기준에 담긴 의미를 살펴볼 때, 결국 이 단원은 "다양한 공간 규모에서 우리 지역은 정치, 경제, 사회, 문화 측면에서 여러 지역과 관계를 맺고 있는데, 지역의 자연적·인문적 특성을 파악하면 우리 지역과 다른 지역이 밀접하게 관계 맺고 있는 이유를 알 수 있다"는 것을 가르치려는 의도를 담고 있다. 성취 기준에

'관계'라는 용어가 많이 등장하는 것으로 보아, '관계를 맺는다'는 의미를 학습한다고 할 수 있다. 또한 '다양한 공간 규모'라는 말로 보면, 지역에서 벗어나 세계 수준에서 활동할 수 있다는 것을 보여준다. 여기서 관계의 연결 고리는 '자연적·인문적 특성'이다. 지역의 자연적·인문적 특성을 비교하면, 관계를 맺을 수밖에 없는 상황을 이해할 수 있다. 정치, 경제, 사회, 문화 측면의 관계는 바로 '자연적·인문적 특성'에서 비롯된다. 문제는 '자연적·인문적 특성'을 어떻게 드러내는가이다. 이를 통해 지역 간의 관계 맺기가 추상적인 문제가 되거나, 구체적이고 현실적인 문제가 될 수 있다.

그렇다면 교육과정의 아이디어가 어떻게 해석되어 교과서로 구현되었을까? 교육과정 (3) 단원은 교과서의 세 번째 대단원인 '3. 더불어 살아가는 우리 지역' 단원으로 구현되었다. 이 대단원은 '1. 도움을 주고받는 자매결연', '2. 교류하며 발전하는 지역', '3. 더욱 가까워지는 지역들', '4. 함께 살아가는 사람들', '5. 우리 지역의 안내도'의 5개 소단원으로 이루어진다.

소단원 구성은 '자매결연'을 통해 '상호협력' 알기(1주제), 자원 및 상품을 통해 '상호의존' 살펴보기(2주제), 교통 및 통신 변화를 통해 '상호작용' 변화 살펴보기(3주제), 인구 이동 알기(4주제), 지역 소개하는 방법 알기(5주제)로 이루어진다. 이 흐름을 볼 때, 교과서 단원 내용은 교육과정 단원의 설정 취지를 온전하게 구현했다고 할 수 없다. "우리 지역은 물건, 정보, 사람의 이동을 통해 다른 지역 및 국가와 교류를 맺고 있으며, 이를 통해 상호의존과 상호협력을 이룬다. 자매결연은 의도적인 교류 활동이며, 교통 및 통신 발달은 교류의 성격을 변화시켰다"는 메시지를 전달하기 때문이다.

자매결연을 다루는 1주제와, 교통 및 통신 변화를 다루는 3주제가 전체 단원의 흐름을 부자연스럽게 하고 있다. '자매결연'과 '교통 및 통신 변화'가 부각될 이유가 없다. 특히 자매결연을 통해 다양한 교류를 알아보고 나서, 물자 교류를 알아보는 것도 어떤 계열을 따른 것이 아니다. 지역의 교류를 다루면서 자매결연과 같은 의도적인 교류 활동 내용이나 교통 및 통신 수단 변화에 따라 교류의 성격이 바뀌었다는 내용을 자연스럽게 학습할 수 있다. 자매결연과 관련된 내용이 단독 주제로 다루어져 내용이 반복된다. 1주제에서 제시한 '상호협력' 개념과 2주제의 '상호의존' 개념이 그리 다르지 않아 보인다. 교통 및 통신 수단의 변화를 단독 주제로 다루고 있어 오늘날과 옛날의 교통 및 통신 수단을 단순하게 비교하는 학습이 될 수밖에 없다.

더 큰 문제는 지역의 교류를 단편적으로 다룬다는 점이다. 지역 간의 교류를 정치, 경제, 문화, 역사 교류(관계)의 측면에서 총체적으로 다루어야 하는데도 주로 경제 교류에 초점을 두고 있다. 이 또한 상품, 자원, 물자의 이동에 국한된다. 이를 예시하는 교과서 활동을 적어보면 다음과 같다.

[헤아리기] 우리 지역과 **물자 교류**를 하는 지역은 어디이며, 교류하는 까닭은 무엇일까요? (《사회(4-1)》, 93쪽)

활동 1 우리 지역으로 들어오는 **물건** 중 국내에서 생산된 것들은 어디에서 왔을까요? [다른 지역에서 온 **물건**] 조사표를 보고, **자원**이나 **상품**의 생산지를 지도에서 찾아 우리 지역과 화살표로 연결해봅시다. (《사회(4-1)》, 95쪽)

활동 2 우리 지역에서 판매되는 것 중에는 우리 나라에서 생산된 것도 많지만, 다른 나라에서 들어온 것들도 있습니다. 이러한 **자원**이나 **상품**은 어

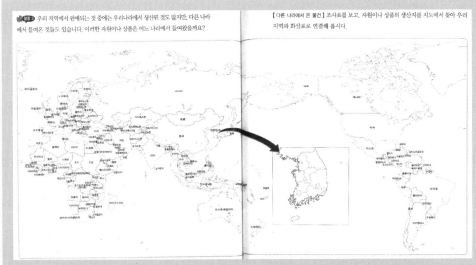

자료 1 지역 간을 화살표로 연결하는 활동으로 지역 간 '교류' 및 '관계'를 재현한다(2007 개정 교육과정《사회(4-1)》, 96~97쪽).

느 나라에서 들여왔을까요? [다른 나라에서 온 **물건**] 조사표를 보고, **자원**이나 **상품**의 생산지를 지도에서 찾아 우리 지역과 화살표로 연결해 봅시다.

이러한 **물건**들을 우리 지역에 들여오는 이유는 무엇일까요? (《사회(4-1)》, 96~97쪽)

활동 3 우리 지역에서 생산된 것 중에는 다른 지역이나 다른 나라에 판매하는 것들도 있습니다. 우리 지역에서 다른 지역이나 다른 나라로 나가는 **자원**이나 **상품**을 조사해봅시다.

지역과 나라가 **물자 교류**로 상호의존하는 까닭을 정리해봅시다. (《사회(4-1)》, 98쪽)(고딕은 필자 강조)

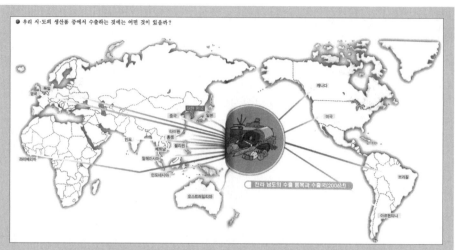

자료 2 우리 시·도의 수출품이 전해지는 지역들과의 연결망은 지역 간 '관계'를 재현한다(7차 교육과정《사회(4-1)》, 58~59쪽).

　　지역 간 경제적 관계를 인식하는 학습은 자원이나 상품의 생산지를 찾아 그 지역과 우리 지역을 화살표로 연결하는 활동으로 구체화된다(자료 1). '관계'라는 추상 개념은 화살표라는 가시적인 '기호'로 환원되고 있는 것이다. 화살표로 연결되는 곳은 서로 관계있는 곳이다. 화살표가 많으면 많을수록 관계의 양도 많아진다. 이런 활동은 구체적인 조작을 통해 '관계 맺기'를 학습하게 한다. 하지만 세계를 지역의 교역 대상으로 파악하여 경제적 관계만을 재현해놓은 이전 교과서 내용(자료 2)과 여전히 닮은꼴이다.

　　지역 간 물자와 자원 이동을 화살표로 표시했다고 '관계' 및 '교류'를 온전하게 이해할 수 있는 것은 아니다. 이 '관계 맺기'에는 사람의 삶이 빠져 있다. 그나마 사람이 등장하는 것은 '인구 이동'을 다룬 4주제다. 여기서 사람을 다루기는 하지만 구체적인 사연을 가진 사람들은 아니다. 인구통계학적 자료로 등장할 뿐이다. 어느 나라에서 어떤 이

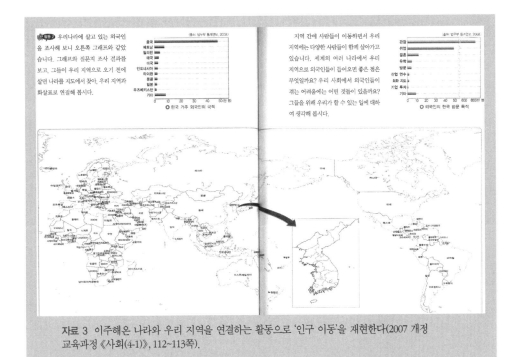

우리나라에 살고 있는 외국인을 조사해 보니 오른쪽 그래프와 같았습니다. 그래프와 질문지 조사 결과를 보고, 그들이 우리 지역으로 오기 전에 살던 나라를 지도에서 찾아, 우리 지역과 화살표로 연결해 봅시다.

지역 간에 사람들이 이동하면서 우리 지역에는 다양한 사람들이 함께 살아가고 있습니다. 세계의 여러 나라에서 우리 지역으로 외국인들이 들어오면 좋은 점은 무엇일까요? 우리 사회에서 외국인들이 겪는 어려움에는 어떤 것들이 있을까요? 그들을 위해 우리가 할 수 있는 일에 대하여 생각해 봅시다.

자료 3 이주해온 나라와 우리 지역을 연결하는 활동으로 '인구 이동'을 재현한다(2007 개정 교육과정《사회(4-1)》, 112~113쪽).

유로 왔는지 통계를 내보고, 이주해온 나라와 우리 지역을 화살표로 연결하는 활동이 주를 이룬다(자료 3).

지금까지 살펴본 바와 같이, 교과서 단원에서 다루는 '관계'는 사람과 사람의 관계가 아니다. 물자와 사람의 이동이다. 사람 간의 관계가 되려면 우리 지역을 출발점으로 '나'와 '너'가 맺는 '관계'여야 한다. 물자나 정보가 아닌 사람의 삶을 다루어야 하는 것이다.

3. '지구적 관계' 수업 실천 사례: '착한 초콜릿'

필자는 2010년 6월 23일 제주 소재 N초등학교 4학년 학생들과 함께 지역이 물자 교류를 통해 서로 '관계' 맺는다는 것이 무엇인지를 생각해보는 수업을 진행했다. '초콜릿'을 소재로, 코코아 원료를 만드는 아동들의 노동을 살펴보면서 상품이나 물건에 담긴 사람들의 삶을 생각하는 것이 진정한 '관계'라는 점을 알려주고 싶었다. 사람이 빠진 채 물자와 상품을 매개로 지역을 화살표로 연결하는 추상적인 구성에서 벗어나고자 했다. 상품에 들어 있는 사람들의 삶을 생각해보면서, 상품에 대한 예의를 지키는 것이 내가 그들과 관계 맺는 방식이라는 점을 알려주려 했다. 지금부터 필자의 수업을 〈세 가지 관계〉 측면에서 이야기하도록 하겠다.[3]

1) 〈관계 1〉: 내가 먹는 초콜릿은 '어디서' 왔을까?

수업은 지난 시간에 배운 내용(혹은 개념)을 다시 살펴보는 것으로 시작했다. 이 수업은 《사회 4-1》, 99쪽과 관련하여 구성되었다. 교과서는 〈되짚어 보기〉와 〈더 나아가기〉로 이루어졌다. 〈되짚어 보기〉는 '지역 간 물자 교류의 필요성'과 '우리 지역과 경제적 교류를 하고 있는 곳'을 정리하고, 재미있었던 점, 어려웠던 점, 더 알고 싶은 점을 써보는 활동으로 이루어졌다. 〈더 나아가기〉는 지금까지 다루어지지 않은 지역에서 생산된 상품을 지역의 위치를 찾아 표시해보고, 그 지역의 자연환경과 관련지어 생각해보는 활동으로 구성되었다.

필자는 교과서의 기본과 심화 활동의 계열과 다르게 수업을 구성하

---

3 원래 1시간 분량으로 수업을 계획했으나 실제 수업은 2시간 정도 이루어졌다. 여기서 인용된 수업 장면은 수업 녹화 영상을 보고 그대로 옮겨 적은 것이다. 학급 상황과 학생들에게 익숙하지 않은 상태에서 수업을 진행한 터라, 수업 주제와 밀착되지 않은 대화나 발언도 종종 나타났다.

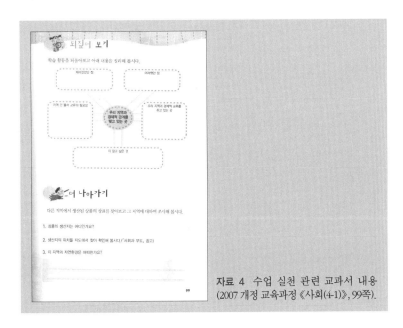

자료 4 수업 실천 관련 교과서 내용
(2007 개정 교육과정 《사회(4-1)》, 99쪽).

였다. 교과서에서는 지역 간 교류의 필요성을 알아보는 것을 기본 활동으로 삼고, 다른 지역의 사례를 찾아 지역의 환경과 관련지어 탐구하는 것을 심화 활동으로 설정했다. 필자는 지금까지 배운 내용을 정리하고, 과연 우리가 '지역 간에 관계 맺는다는 것'이 무엇인가를 좀 더 깊이 생각하는 순으로 활동을 계열화했다. 먼저 학생들과 지금까지 배운 내용 혹은 개념을 정리해보았다.

교사 여러분이 지난 시간에 배운 내용 생각날 거예요. 말들이 생각나지? 지난 시간에 담임선생님하고 배웠던 거. 선생님이 이름을 부르면 배웠던 내용들을 이야기해주세요. 낱말. 알았지요? 99쪽 과제해 왔죠. 그럼 이재희? 1모둠에서 생각나는 거 이야기해보자. 어떤 단어가 생각나?

학생 우리 지역과 관계를 맺고 있는 곳을 배웠습니다.

교사 (칠판에 '우리 지역과 관계를 맺고 있는 곳'이라고 쓰며) 우리 지역
　　과 관계를 맺고 있는 곳에 대해 배웠죠? 그러면 동현이가 얘기해볼까?

학생 자매결연.

교사 (칠판에 '자매결연'이라 쓰며) 친구들이 배운 것을 말하고 있는데,
　　나중에 이걸 다 합해서 배운 것을 말해보도록 할 거야. 그러니까 친
　　구들이 말한 것을 잘 생각해보세요. 홍권이? 홍권이는 뭐가 생각나?

학생 교류.

교사 (칠판에 '교류'라고 쓰며) 아, 여러분, 어려운 것을 배운 것 같아
　　요. 어려운 말만 나오는데. 민관이? 민관이는 어떤 말이 떠올라요?

학생 상호의존.

교사 상호의존. 어렵네. (칠판에 '상호의존'이라 쓰며) 선생님은 잘 모
　　르는 말인데 어려운 말을 쓰네. 이번엔 수진이가 말해볼까?

학생 자원.

교사 (칠판에 '자원'이라 쓴다) 그다음에 윤형이가 한번 이야기해보자.

학생 자연환경.

　　학생들에게 지난 시간에 담임선생님과 함께 배운 내용을 말하게 했
다. 그리고 이런 용어들을 묶어서 배운 내용을 문장으로 표현해보려
고 했다. 학생들이 발표한 내용을 관련 있는 용어끼리 묶어서 칠판
에 정리했다. 학생들이 발표한 용어는 '우리 지역과 관계를 맺고 있는
곳', '자매결연', '교류', '상호의존', '자원', '자연환경', '인문환경', '상호협
력', '원산지', '제조원', '이동', '산업' 등이었다. 4학년 학생에게는 어려
운 용어들이다. 학생들이 이 용어를 말했다고 해서, 이 용어의 의미를
온전히 이해한다고 볼 수 없다. 이 용어들은 교과서의 〈주요 용어〉란
에 등장하는 것들이다. 2007 개정 교육과정의 교과서는 단원에서 알

아야 할 용어를 친절히 제시해놓고 있다. 학생들은 이 용어의 의미를 내면화하지 못한 채 되풀이하여 사용하는 경우가 많다.

학생들이 말한 용어를 바탕으로 무엇을 배웠는지 정리해보았다. 한 학생이 '교류 내용'이라고 답해서 교류란 무엇인지, 교류에는 어떤 것들이 있는지, 대표적인 예는 무엇인지 살펴보았다. 여기서 '관계'라는 말은 나오지 않았지만, 필자는 '교류'를 '관계'라는 개념과 연결지었다. 학생들은 '지역끼리 관계를 맺고 있다'를 공식처럼 외우고 있었다. 하지만 '물건을 주고받는다'는 식으로 편협하게 말하는 것을 볼 수 있었다. 교과서가 제시한 '관계 맺기'가 그러하니 당연한 결과다. 필자는 '관계 맺는다'는 것이 무엇인지 더 알아보자고 제안하며, 본시 학습을 안내했다.

교사 브라질에서 만든 커피가 우리나라에 들어오는 거. 한 명만 더 이야기해볼까요? 발표하지 않았던 친구. 상윤이 한번 이야기해볼까요?

학생 껌이요.

교사 껌은 어디서 들여와요?

학생 서울특별시.

교사 껌 만드는 곳이 서울이니까. 어떤 껌 좋아해요?

학생 와우껌.

교사 와우껌? 서울에서 만들어요? 몰라요? 상윤이가 말한 거는 와우껌이 있는데 서울에서 제주도로 온다고 했어요. 와우껌 만든 회사 상표를 보면 만든 곳 나오겠지요? 그게 아마 서울시라고 쓰여 있어서 상윤이가 그런 얘기한 거 같애. 지금까지 한 얘기를 쭉 정리해보면, 우리가 사람과 사람 간의 관계랄지, 아니면 지역마다 스포츠랄지 여러 가지 교류를 하지요? 그렇죠? '교류'란 말이 뭐야?

학생 바꾸고.

교사 바꾸고 서로 나누고 그런 거지. 왜 교류를 하냐면 서로……?

학생 필요하기 때문에.

교사 서로 필요하기 때문에. 여러 가지 필요하기 때문에 하고, 서로 힘이 되기 위해서 하는데. 오늘 이 시간에는 물자 교류에 대해서 조금 더 공부할 거예요. 아까 여러 친구들이 커피나 시계나 풍선껌을 예로 들었지요. 물자 교류를 통해서 서로 관계를 맺고 있다고 했는데. 여러분이 지금까지 배운 거 지역과 지역 간의 관계를 맺는다고 하는 것이 뭘까. 그게 궁금증이 생겼어요. 그런 부분들을 조금 더 공부를 해볼까 해요. (스크린을 가리키며) 여기 화면 좀 봐주세요.

필자가 선택한 상품은 초콜릿이었다. 학생들은 다양한 상품들이 우리 지역으로 들어오고, 우리 지역에서 나가는 것을 화살표 긋는 작업을 통해서 알아보았다. 하지만 하나의 상품 속에서 '관계'의 의미를 찾을 기회는 없었다. 그래서 하나의 상품을 정해서 좀 더 깊이 탐구해보기로 했다. 초콜릿을 선택한 이유는 학생들이 좋아하고, 공정무역과 관련한 운동을 쉽게 알 수 있기 때문이었다.

먼저 초콜릿의 원료를 알려주기로 했다. 초콜릿이라는 상품을 만들려면 원료를 만드는 사람들의 노동력이 들어간다는 점을 설명해주기 위해서였다. 뒤에서 상품 생산자와 원료 생산자가 얻는 소득의 불균형을 설명하기 위한 사전 학습 단계이기도 했다. 필자는 PPT를 이용해서 초콜릿을 만드는 데 필요한 삼형제, 즉 '코코아 매스', '코코아 버터', '코코아 가루'를 설명했다.

교사 여러분이 말한 것처럼 초콜릿 만드는 원료였어요. 아까 말한 것처

럼 이게 카카오나무고, 이건 열매죠. 열매를 따서 딱 쪼개면 콩 모양이

나와요. 이것을 코코아 콩이라고 해요. 이 콩을 빼가지고 어떻게 해요?

학생 갈아요.

교사 네, 물에다가 불려요. 일주일 동안 불려서 말린대요. 말려서 딱딱

한 껍질을 벗겨내고 이렇게 만든다고 해요. (사진을 가리키며) 이게

카카오나무고, 이게 코코아 콩이고, 이게 중요한 건데. 코코아.

학생 코코아 똥.

교사 네, 코코아 똥이 아니고, 똥같이 생겼지? 코코아 매스라고 해요.

이게 이제 초콜릿의 원료가 되지요. 그럼 이건 뭐라고 해요?

학생 버터.

교사 코코아 매스를 꽉 누르면 기름이 생겨요.

학생 아, 더러워.

교사 코코아 매스를 꽉 누르면 기름이 생겨요. 이게 코코아 버터예요.

이 기름을 빼고 남은 거 있죠. 이것은 뭐가 돼? 코코아 가루가 되는

거야. 그러니까 여러분, 초콜릿 만들 때 중요한 삼형제가 뭐예요?

네, 코코아 버터, 코코아 매스, 코코아 가루예요. 이 세 가지가 바로

코코아 원료가 되는 거예요. 근데 카카오와 코코아는 다르다고 해

요. 카카오는 나무라고 할 때 쓰고, 코코아는 그 열매를 말해요. 그

러니까 카카오 매스, 카카오 버터라 쓰지 않고 코코아라고 해. 근데

매스가 먹으면 쓰대요. 우리 초콜릿 먹으면 달잖아요?

학생 네.

교사 왜 달겠어요?

학생 (한목소리로) 설탕!

교사 설탕 넣어서. 그러니까 이 삼형제가 딱 들어가는 게 좋은 초콜릿

이라고 합니다. 여러분하고 수업하느라고 공부 많이 했어. 초콜릿에

대해서. 그러니까 여기다가 달게 하기 위해서 우유도 집어넣지요?

초콜릿 원료를 설명한 후에 모둠별로 초콜릿을 나눠주며, 우리가 제주도에서 사먹는 초콜릿이 어디서 생산되어 들어오는지 알아보게 했다. 처음에는 초콜릿을 어떻게 나눌까에 신경을 썼지만, 초콜릿 상표를 보고 자신들이 초콜릿을 먹기까지 어떤 지역과 관계를 맺는지 고민하기 시작했다. 필자가 모둠별로 나눠준 초콜릿의 포장지에 쓰인 생산지 정보는 〈표 1〉과 같다.

〈표 1〉 초콜릿 포장지의 생산지 정보

만든 곳: 충북 진천군 이월면 원료: 코코아 매스(아이보리코스트), 코코아 버터, 리발란스 밀크초콜릿, 백설탕, 레시틴(콩), 유화제, 전지분유(호주산, 뉴질랜드산) 탈지분유(우유)

필자가 원산지와 만든 공장을 찾아보라고 했지만, 상품 포장지에 쓰인 내용을 보고 생산지와 원료지를 찾는 것은 학생들에게 버거운 작업이었다. 상품 포장지에는 모르는 말과 복잡한 내용이 담겨 있기 때문이다. 필자는 우리가 초콜릿을 먹기까지 어떤 지역과 관계를 맺는지 살펴보기 위해서 하나하나 설명할 필요가 있었다.

먼저, 상품을 만든 공장과 원료가 생산되는 지역이 다르다는 것을 알려주어야 했다. 필자는 생산지와 원료지를 찾아서 교과서에서 요구하는 대로 제주 지역과 화살표로 그어보게 했다.

교사 (초콜릿 포장지를 들어 보이며) 일단은 보자. 이 초콜릿을 만든 공장은?
학생 크라운제과.

교사 크라운제과인데, 공장은 충북 진천에 있네요. 자, 사회과부도 한 번 펴볼까요? 제일 앞에 한번 펴보세요. 우리나라 행정도가 있죠. 자, 몇 모둠인가? 아, 3모둠 조금 경고입니다. 자, 우리나라 행정도 한번 펴보세요. 자, 충청북도 한번 찾으세요. 찾았어요? 거기 진천 한번 찾아볼까? 그걸 보고 여러분 책에는 몇 쪽이죠? 지도 나온 게. 95쪽이죠. 그럼 95쪽 펴보세요. 95쪽에 진천 한번 표시해보자. 그리고 화살표를 어디로 가져와야 하지요? 제주도로 끌어오세요. 그럼 또 하나가 추가되었네. 초콜릿이라고 잘 쓰고 화살표로 한번 그려보자. 근데 생각해보자. 이 초콜릿을 만들려면 아까 중요한 삼형제가 있다고 했지? 기억나?

학생 네.

교사 뭐가 있었어요?

학생 코코아 매스, 버터, 가루.

교사 그렇지. 그런 것들이 이 진천에서 만들어졌을까?

학생 아니요.

교사 (PPT의 초콜릿 상표를 가리키며) 자, 뭐라고 쓰여 있어? 코코아 매스는 어디서?

학생 (아이들 더듬더듬 읽는다) 아-이-보-리-코-스-트

교사 아이보리코스트라고 적혀 있지?

학생 네!

교사 자, 보세요. 아이보리코스트. 나라 이름이에요. 나라 이름인데, 보세요. 찾았어요. 거기서 만든 거지요? 근데 선생님이 괄호에다가 다른 나라 이름을 적어놨네? 코트디부아르.[4]

---

4 학생들과 함께 살펴본 PPT 자료에는 '코코아 매스(아이보리코스트/코트디부아

학생 들어봤는데. 친선경기.

교사 월드컵. 우리 월드컵 가기 전에 이 팀하고 축구 경기한 거 기억나? 하여튼 월드컵에 진출해 있는 팀이에요. 같은 나라 이름이에요. 근데 이 이름으로 많이 쓰인데요. 아이보리라는 뜻이 뭐냐면, 여러분 코끼리 알죠. 코끼리 뿔을 뭐라고 하죠? 이렇게.

학생 상아.

교사 상아라는 뜻이고, '코스트'는 해변가라는 뜻이에요. 이 지역이 아프리카 지역인데, 상아가 많이 나서, 프랑스가 점령했었어요. 그러고는 상아를 많이 가져갔대. 그래서 붙여진 이름이 바로 '아이보리 코스트'고요. '코트디부아르'는 프랑스어예요. 그래서 코코아 매스는 코트디부아르에서 생긴 거예요. 자, 96쪽 한번 펴볼까? 아까 아프리카라고 했죠? 아프리카 지역이 96쪽에 나왔네. 찾아보자. 코트디부아르 있을 거야. 찾았어요? 어, 서쪽에 있어, 서쪽에.

학생 어디 서쪽이요?

교사 지도 서쪽이요.

학생 (한 아이가) 찾았어요.

교사 찾았어요? 나라 이름 부르기 힘들지? 따라해 보세요. 코트.

학생 코트.

교사 디.

학생 디.

교사 부아르.

학생 부아르.

교사 그럼, 원료 이름 한번 적어보자. 코코아 매스라고. 원료 이름 코

르)'라 적었다.

지역과 지역을 화살표로 연결하는 활동을 통해 학생들은 지역 간 '관계'에 들어가는 입구에 서게 된다.

코아 매스. 그럼 화살표를 어디로 가져가야 되나?

학생 제주도.

교사 제주도? 원래는 진천으로 가져가야 하지? 근데 우리는 초콜릿을 먹으니까 우리 제주도로 온 걸로 생각하자. 그럼 제주도로 표시를 해주세요. 그다음에 코코아 버터 이야기했었지요. 이거 말고도 여러 가지 설탕도 들어가고, 유화제도 들어가고, 분유도 들어가고. 자, 호주하고 뉴질랜드 찾아볼까, 분유.

학생 찾았어요.

교사 뉴질랜드 어느 쪽에 있죠? 네, 호주는 어디 있습니까?

학생 남쪽에요.

교사 오스트레일리아하고 붙어 있죠. 뉴질랜드라고 표시하고 분유라고 써보세요. 호주가 오스트레일리아입니다. (아이들의 활동을 지켜보며) 찾았어요? 짝꿍끼리 확인해보세요. 표시하고 분유라고 표시해보자. 제주도로 쭉. 제주도로 화살표를 쭉 연결시켜보세요.

학생들이 상표에 나온 지명을 지도에서 찾는 데 많은 시간이 걸렸다. 그리고 코트디부아르처럼 그 지역에 담긴 역사를 짤막하게 소개해줄 필요도 있었다. 지역 간 관계 맺기를 이해하는 것이 그리 쉽지 않다. 화살표 그리기를 통해서 지역과 지역을 일대일로 대응시키고 그 위에 물건 이름을 적는 활동에 머물러서는 안 된다. 해당 지역의 여러 가지 특성을 살펴야 한다. 학생들과 함께 살펴본 〈관계 1〉은 내가 먹은 초콜릿이 어디서 왔는지 살펴보는 활동에서 인식할 수 있다. 지역과 지역을 화살표로 연결하는 것은 바로 이 '관계'에 들어가기 위한 '입구'에 서는 것에 불과하다. 관계의 종착점에 있는 것이 아니다. 필자는 여기서 한 발 더 나아가 〈관계 2〉로 들어갔다.

2) 〈관계 2〉: 내가 먹는 초콜릿은 '누가' 만들었을까

필자는 초콜릿을 생산하는 사람들에 주목하고자 했다. 초콜릿을 소비하는 것으로 우리의 역할이 끝나는 것이 아니라, 이 상품을 만드는 노동력을 살펴보는 것이 왜 중요한지 함께 생각해보고 싶었다. 코코아 생산량을 표시한 통계표를 보며 수업을 진행했다.

> **교사** 그러면 3반 정리 좀 해보자. 어느 모둠이 잘하나 보자. 무릎에 손 올리고. 선생님 한번 보세요. 지금 여러분이 조사한 거에다가 몇 가지 추가한 거잖아요, 그렇죠? 화살표를 그려봤는데, 지금 이거 해본 거 갖고 여러분, 혹시 새롭게 안 사실이 있을까? 화살표 그리는 거 보면서. 진혜가 한번 이야기해볼까? 앉아서 이야기해보자. (답이 없자) 조금 더 생각해보자. 어, 우리 승하 이야기해보자.
> **학생** 어느 지역이나 나라에서 물건들이 넘어왔는지 알 수 있습니다.
> **교사** 어느 지역에서 물건들이 넘어왔는지 알 수 있다. 그럼 수현이 이야기해보자. (아이들이 이름을 바르게 가르쳐주자) 주희? 김주희.

학생 한 지역에서 물건을 다 못 만든다는 것을 알 수 있었어요.

교사 한 지역에서 물건을 다 못 만든다, 맞아요. 초콜릿 같은 경우도 원료는 못 만들기 때문에 외국에서 온다는 것을 알 수 있죠? 그러니까 여러분이 지난 시간에 배운 것도 지역마다 서로 나눠 쓰면서 서로 관계를 맺는다고 했지. 선생님이 생각하기에 물건만 왔다 갔다 한다고 해서 관계를 맺는 걸까?

학생 아니요!

교사 나는 선생님이고, 여러분은 학생이지. 우리는 선생님과 학생 관계예요. 선생님이 수업하고 여러분이 앉아서 수업 받는다고 해서 선생님과 여러분의 관계가 이루어지는 걸까?

학생 아니요.

교사 아닐까? 어, 그러면 그거에 대해서 조금만 더 생각해보자. 아까 코코아 원료 있죠. 코코아 원료를 만든 나라 이야기를 조금 해보자. 자, 선생님이 통계표를 하나 줄게. (통계표를 나눠준다) 99쪽 펴보세요. 〈더 나아가기〉 위에다가 풀로 딱 붙이세요. 선생님이 표를 나눠 줄 테니까. 자, 모둠별로 한 명씩 나오세요. (아이들 활동하고 나서) 다 붙였나요? 여기 볼까요? (PPT 자료를 보며) 여기 나눠준 것은 코코아 생산량이에요. 여러분 아까 코코아는 뭐라고 했죠. 여러분이 똥이라 했던 거. 코코아 매스. 이런 걸 가지고 초콜릿 생산을 하는 거죠. 근데 코코아를 많이 생산하는 곳이 어디예요?

학생 코트디부아르.

교사 코트디부아르가 37.4퍼센트를 차지하죠. 여러분 퍼센트 배웠나요? 안 배웠죠? 만약에 세계에서 코코아를 100개 만든다면, 코트디부아르에서는 37개를 만든다는 뜻이야. 그런 정도로 알아두고. 보니까 여러분이 잘 아는 나라도 있네. 어디서 들어봤어?

〈표 2〉 세계 코코아 생산량

국가	생산량	세계 생산량
코트디부아르	1,300,000톤	37.4%
가나	720,000톤	20.7%
인도네시아	440,000톤	12.7%
카메룬	175,000톤	5.0%
나이지리아	160,000톤	4.6%
브라질	155,000톤	4.5%
에콰도르	118,000톤	3.4%
도미니카 공화국	47,000톤	1.4%
말레이시아	30,000톤	0.9%

자료: 위키피디아백과사전

　필자는 코코아 생산량이 많은 나라들을 살펴보았다. 코트디부아르의 코코아 생산 이야기를 살펴보기 위한 사전 활동이었다. 하지만 수업을 진행하면서 각 나라의 위치와 그 나라들의 공통점을 찾아보게 했다. 교과서 99쪽 〈더 나아가기〉 3번 활동인 "이 지역의 자연환경은 어떠한가요?"를 의식하며 수업을 진행했기 때문이다.

　　교사　그렇지, 가나 초콜릿. (가나가 무어냐고 묻는 학생의 질문을 듣고) 가나가 뭐예요, 물어봤지요? 가나는 아프리카 지역에 있는 나라예요. 우리 지도 한번 보자. 아마 코트디부아르 옆에 있을 것 같애. 찾아보세요.
　　학생　아래에 있어요.
　　교사　코트디부아르 아래에 있어요. 동그라미 쳐보세요. 코트디부아르 가까이 있죠. 카메룬은 뭐예요. 카메룬 한번 찾아보세요. 아까 찾은 것에서 오른쪽으로 가보세요. (아이들 활동을 둘러보면서) 다 찾앉어요? 한 군데만 더 찾아보자. 나이지리아. 여러분이 축구 이야기 하고 싶지? 나이지리아 하니까? 나이지리아 동그라미 쳐보자. 다시 한 번 확인해볼게요. 코트디부아르 표시한 사람? (손 든 사람 확인 한다) 아직 안 되었어요? 자, 가나. 가나 표시 못한 사람 손 들어보세 요. 카메룬 표시 못한 사람. 카메룬. 나이지리아 표시 못한 사람. (확 인 후) 자, 보자. 보니까 이 지역은 어떤 특성이 있어요? 근형이가 이 야기해보자. 앉어서 이야기해보자. 바른 자세로 앉아보자. 선생님 이 딱 10분만 더 할게.

학생 열대지방.

교사 열대지방. 열대지방이라고 했네. 여러분 열대지방 배웠나요? 그 러면 근형이 어떻게 열대지방이라는 것을 알았을까?

학생 엄마가 가르쳐주었어요.

교사 엄마가 가르쳐주었어요? 근형이는 엄마가 가르쳐준 것을 바탕으 로 해서 열대지방이라고 말했고. 달호는?

학생 피부가 까만 사람이 사는 나라.

교사 어, 피부가 까만 사람이 사는 나라. 피부가 까만 사람이 사는 곳 이다.

학생 (어디서 소리가 난다) 흑인, 흑인.

교사 자, 보자. 열대지방이라는 것을 배우지 않았지만, 하여튼 이 지역 에서 코코아가 많이 난다는 것은 뭐야? 코코아가 잘 자라는 곳이지. 카카오가. 카카오가 잘 자라는 곳이겠지. 카카오가 어느 지역에서 잘 자라냐면 더운 곳에서 많이 자란대. 온도가 섭씨 25도에서 30도 가 되어야 하고요.

탐구는 오래 가지 않았다. 필자가 이 지역의 특징을 정리하고 넘어가버렸다. 이 지역이 코코아가 생산하기 좋은 지역인데, 더운 지역에서 많이 자란다고 설명해주었다. 주로 적도를 중심으로 위도 20도 안팎의 지역들이다. 만약 적도를 중심으로 펼쳐진 이 지역들을 지도에서 보여주었더라면, 카카오가 잘 자라는 조건을 쉽게 알 수 있었을 것이다. 자연환경은 그 지역 사람들이 살아가는 방식에 영향을 미치게 마련이다. 필자의 수업은 이런 측면을 깊이 다루지 못했다. 코트디부아르에 사는 에브라임 킨도라는 소년의 이야기를 통해서 코코아 생산에 담긴 '비밀'들을 학생들에게 빨리 알려주고 싶었기 때문이다.

교사 평균 섭씨 25도에서 30도가 되어야 하니까. 어쨌든 이 지역을 쭉 선을 그어보면, 어, 거의 비슷한 곳에 있어요. 그리고 인도네시아나 다른 곳도 마찬가지고. 요 부분에 대해서 선생님이 시간이 없어서 설명을 못하겠어요. 선생님이 좀 더 이야기하고 싶은 거는 코트디부아르에서 코코아를 만드는 사람들의 이야기예요. 다시 여러분 책으로 넘어가보자. 99쪽. 〈더 나아가기〉에 "상품의 생산지는 어디인가요?"에 '코코아'를 적어볼까? 네 곳 표시했죠. 표시 안 된 곳은 꼭 집에 가서 해보세요. 아시겠지요? 자, 선생님이 잘못 이야기했네요. 상품의 생산지는 뭐예요? 코트디부아르. 상품은 코코아. 위에다 코코아라 적고. (이야기 자료[5]를 나누어주며) 자 받은 것 접어보세요. 이렇게 보면 네 쪽을 책자처럼 만들었거든요. 1쪽을 보면 남자 어린이 있죠? 자, 2009년도에 열두 살이었으니까 지금은 열세 살이겠네요.

5 코트디부아르의 작은 마을에 사는 에브라임 킨도가 코코아를 만들면서 사는 이야기를 실은 〈초콜릿은 천국의 맛이겠죠〉(《한겨레 21》, 2009년 1월 23일, 제745호)를 읽기 자료로 구성하여 제시했다. 원 자료는 한겨레21 홈페이지(http://h21.hani.co.kr/arti/cover/cover_general/24258.html) 참조.

여러분하고 비슷한 나인데. 이 아이의 이야기예요. 간단하게 번호가 적혀 있는데 다 읽지는 않고 시간이 없으니까 중요한 부분만 읽을게요. (1)번 볼까요? (1)번. 이름은 에브라임 킨도, 코트디부아르 산대요. 그다음에 이 나라는 카카오 생산량의 40퍼센트를 차지한다고 배웠죠? 통계표로. (2)번 (3)번은 코코아를 만든 과정에 대한 이야기고요. 넘겨보겠어요, 2쪽으로. (5)번 선생님이 읽어볼게요. "카카오 농장에서 가장 힘든 일은 잡초 제거와 농약 치기예요. 거름의 영양분이 땅 속까지 제대로 흘러가려면 마시트로 다 걷어내야 하거든요. 마시트는 풀 베는 낫을 뜻해요." (6)번 보세요. (6)번. 쌀값은 208만 원인데 한 해 벌어들이는 돈은 얼마예요? 243만 원이래요. (7)번 보세요. 눈여겨보세요. 아빠는 잘 말린 카카오 콩을 누구한테 준다고 했어요?

학생 중개상이요.

교사 중개상에게 준다고 했어요. 여기는 외졌기 때문에 차를 타고 나가 팔아야 하는데 그러려면 돈이 많이 들겠지요? 그래서 이거를 사러 오는 사람이 있어요. 그런 얘기가 적혀 있어요. 근데 돈을 얼마나 받냐? 초콜릿 값이 1000원이면 한 20원 정도 받는데요. 그럼 어떻게 된 거야? 내가 20원에 팔았는데 1000원으로 불어났어. 어떻게 된 거야? 근형이가 나한테 와서 코코아 콩을 사갔어요. 코코아 회사에 팔겠지요. 팔기 위해서 돈을 붙일까 안 붙일까?

학생 비싸게 해요.

교사 비싸게 붙이겠지요. 결국은 카카오를 만드는 사람들은 돈을 많이 벌지 못하고 중간에서 카카오 콩을 옮겨준 사람이 돈을 많이 번다는 거죠. 쭉 넘겨보고요. 3쪽 보세요. 큰 글씨로 100명 중에 학생이 3명이래. 왜 3명밖에 공부 못할까?

학생 돈이 없어서.

교사 돈이 없어서, 그지? 왜 돈이 없어요?

학생 가난해서.

교사 왜 가난해?

학생 돈을 못 벌어서.

교사 돈을 못 벌어서. 아까 말한 것처럼 카카오를, 코코아를 많이 생산
하지만 값을 잘 받아 못 받아?

학생 못 받아요.

교사 못 받으니까 어떻게 해? 더 많이 카카오를 만들어야겠지? 그러려
면 어떻게 해야겠어? 선생님 혼자 일해야겠어? 여러분이 도와주면
은 더 빨리 하겠지. 그러니까 어린아이들을 데려다가 일을 시키는
거야. 근데 중요한 거는 글을 읽어보면 알겠지만, 여기서 에브라임
은 자기 가족하고 일을 하는데, 아프리카 다른 나라 어린이들은 강
제로 끌려오거나 혹은 부모가 일을 시키려고 판대. 그러면 어떻게
해. 부모가 멀리 떨어져 있기 때문에, 그 아이에게 일을 막 시키고
돈도 안 주고. 그렇죠. 강제 노동이죠. 강제로 일을 시키니까. 그런
문제가 생겼어요.

시간이 없어 이야기 자료를 학생 스스로 읽고 생각해볼 기회를 주지
는 못했다. 필자가 중요한 부분으로 선택한 것은 어린 나이에 노동을
하고 있고, 코코아 생산을 해도 돈을 얼마 벌지 못하며, 중개상들이 많
은 소득을 벌고, 아이들이 학교에 다닐 수 없다는 것이다. 머나먼 다른
지역에서 비슷한 나이의 아이들이 헐값을 받고 코코아를 생산하고 있
으며 학교에도 다니지 못하는 상황을 접한다는 것은 상품 이면에 있는
사람들의 삶에 조금씩 접근해 들어가는 것이다.

내러티브는 이처럼 구체적이고 상황적이다. 상품 속에서도 개념 속에서도 특정 삶을 불러낸다. 여러 지역을 지도에서 찾아 학생들이 살고 있는 지역과 연결한들 지역 사람들의 삶을 알 수 없다. '관계를 맺는다'는 말을 여러 번 되풀이한들 구체적인 삶의 모습을 파악할 수 없다. 하지만 에브라임 킨도 이야기를 들은 학생들은 단순한 초콜릿 소비자에 그치지 않고, 같은 또래 혹은 같은 인간이 만든 초콜릿을 대면할 수 있게 된다. 필자는 〈관계 2〉에서 피상적인 '관계' 속을 더욱 내밀하게 들여다보는 활동을 통해서 사람의 땀을 살펴보고자 했다. 여기서 멈춰서는 안 된다. 상품에서 사람을 보았다면, 우리는 행동이나 반응을 취해야 한다. 이제 수업은 〈관계 3〉으로 넘어간다.

3) 〈관계 3〉: 착한 초콜릿, 이제 나는 '무엇을' 할까

진정한 관계란 삶을 공유하며, 같이 아파하고 같이 기뻐하는 것이라 생각한다. 따라서 화살표로 지역을 잇는 작업에서 벗어나고, 또한 초콜릿에 담긴 애틋한 사연을 살펴보는 것에서 더 나아가길 바랐다. 학생들에게 요구한 것은 "이제 우리는 어떻게 해야 할까"였다. 하지만 필자는 학생들이 초콜릿과 관련된 상황을 보고 다양하게 반응할 시간을 주지 못했다. 킨도와 같은 사람을 도와줄 방법 찾기로 학생들의 사고를 닫아버렸다.

> 교사 그러면 생각해보자. 선생님이 시간이 없어서 그냥 넘어왔는데.
> 우리가 이 사람들을 도와줄 수 있는 방법은 어떤 게 있을까?
> 학생 코코아를 많이 사요.
> 학생 돈 주기.

교사 코코아를 많이 산다. 그런데 코코아를 많이 산다고 해도, 근형이가 비싸게 팔기 때문에 근형이에게 가지 않을까? 초콜릿이 1000이면 20원 정도밖에 못 받는다, 그러면 얼마 정도는 받아야 할 것 같아?

학생 500원 주고 사요.

학생 비싸게 사요.

교사 잠깐만요, 비싸게 주고 산다고 했죠? 만약에 비싸게 주고 사면 에브라임 같은 경우는 어떻게 되겠어요.

학생 부자.

그런 후 필자는 공정무역을 실천하는 사람들의 모습을 영상으로 보여주었다.[6] 필자가 생각하는 '착한 관계'를 보여주려는 의도였다. 학생들은 '착한'의 의미를 '건강'과 연관 지어 바라보려 했다. 물론 착한 초콜릿은 우리 몸에도 좋다. 코코아 원료만 들어가고 첨가물이 전혀 사용되지 않기 때문이다. 필자는 에브라임 킨도 이야기를 상기시키며 '사회적' 측면에서 왜 착한지를 설명해주었다.

교사 부자가 돼서 공부를 할 수 있겠죠? 이름이 뭐예요? ('강지훈' 하는 아이 목소리) 지훈이가 말한 것처럼 코코아를 생산하는 사람한테 돈을 더 많이 주고 사자, 그런 운동을 펼치는 사람들이 많이 있어요.

학생 사랑의 빵.

교사 사랑의 빵? 그것과 비슷한데 조금 달라요. (영상을 보여준다)

학생 불우이웃돕기 성금.

---

6 Google의 '발렌타인데이엔 착한 초콜릿!' 한국공정무역연합, Yes24캠페인(http://www.youtube.com/watch?v=xgt_5ZY9Kl4).

코코아를 생산하는 사람들의 이야기를 통해 지역 간 '관계'는 사람의 '관계'로 변화된다.

교사 이 영상을 봅시다. 아이들은 초콜릿을 만들지만 초콜릿을 먹어본 적이 없어요. 왜? 비싸잖아요. (영상을 보면서 설명해준다) 자, '착한 초콜릿'이라는 말이 나왔지? 그럼 우리가 먹는 초콜릿은 나쁜 초콜릿일 수 있다는 말이네? 왜 나쁜 초콜릿이야? (한 아이를 가리킨다)

학생 너무 달게 먹어서.

교사 그렇지? 너무 달게 먹어서 나쁜 초콜릿일 수 있겠다.

학생 쓰지 않아서.

교사 쓰지 않아서.

학생 쓴 초콜릿이라서.

교사 쓴 초콜릿은 좋은 초콜릿이잖아. (영상물 정지 화면을 가리키며) 근데 여기서 보면 아까 말한 것처럼, 여러분이 초콜릿을 먹지만, 카카오를 만드는 사람은 여러분 또래 아이들일 수 있지? 강제로 일을 시키고 만들 수 있지? 그럼 이 초콜릿은 착한 초콜릿이야, 나쁜 초콜릿이야?

학생 나쁜 초콜릿.

교사 그러니까 사람들이 이런 초콜릿을 사지 말자 하고 운동을 펼치는 거야. 그럼 어떤 초콜릿을 사먹자? 그러니까 아이들을 강제로 일도 안 시키고 그다음에 카카오, 코코아를 만드는 사람에게도 돈을 많이 주고 해서 만든 초콜릿을 사자는 거야. 그러면 당연히 다른 초콜릿보다 가격이 올라가겠지?

학생 네, 올라가요.

필자는 이어서 '아름다운 가게'에서 판매하는 '착한 초콜릿'을 실제로 보여주며, 착한 초콜릿의 의미를 함께 생각해보았다.

교사 (착한 초콜릿을 봉투에서 꺼내며) 선생님이 가게에서 찾아보니까 착한 초콜릿이 있더라고. 이거는 있다가 선생님한테 드릴 거예요. 착한 사람만 줄 거야. 상표도 없어, 그냥 초콜릿이야.

학생 야 신기해.

교사 (착한 초콜릿 상표를 PPT로 보여주며) 뒤에 보면 있다가 뭐가 쓰여 있는지 보세요. 이런 내용이 쓰여 있어. 초콜릿은 정직하고 아까 중간 상인이라고 했죠? 중간 상인이 돈을 더 많이 벌지 않게, 생산하는 사람에게 돈을 많이 주고. 그리고 인공 첨가물도 안 들어 있어. 코코아 매스하고 분말하고 버터밖에 없죠? 75퍼센트죠? 코코아 원료가 50퍼센트 이상이 좋다고 해. 원료가 비싸면 값이 비싸겠지? 아까 먹은 게 얼마였지? 800원. 이거는 얼마 할까?

학생 2000원!

교사 2000원.

학생 (놀라며) 와!

교사 비싸지? 여러분 사먹기 부담스럽지? 그렇다면 왜 이렇게 비쌀까?

〈표 3〉 착한 초콜릿의 상표 표지 내용

아름다운 가게 공정무역 '초콜릿'

정직한 거래.
중간 상인들의 폭리와 다국적 기업의 횡포 속에서 저개발국 생산자들에게 정당한 가격을
지불해 그들의 자립을 응원합니다.

정직한 맛.
소규모 생산자 조합의 정성스런 재배와 인공 첨가물을 섞지 않은 천연 가공으로 카카오
본연의 맛을 살렸습니다.

정직한 모양.
화려한 수식과 디자인이 없는 초콜릿.
그야말로 있는 그대로의 '초콜릿'으로 만들었습니다.

제품명: 초콜릿 75% 식품 유형: 초콜릿 내용량: 40g
원재료명 및 함량: 다크초콜릿 페루산
　　　　　　 [코코아 매스 55% 코코아 분말 13% 코코아 버터 7% 백설탕]

학생 몸에 좋아서.

교사 (상표 PPT를 가리키며) 첨가물이 안 들어갔지. 그래서 또? 왜 비
　　 쌀까?

학생 우리나라에서 생산해서?

교사 (상표 PPT를 가리키며) 뭐라고 적혀 있어? 페루에서 왔네. 자 시
　　 간이 없으니까 2분만 이야기할게. 이 초콜릿은 무슨 초콜릿?

학생 착한 초콜릿.

교사 이 초콜릿은 아이들을 데려다가 일을 시켜 만든 코코아를 사용하
　　 지 않는다, 그리고 코코아 원료만 쓴다, 그러니까 착한 초콜릿이에
　　 요. 그래서 가격도 비싸요.

학생 그거 어디서 팔아요?

교사 가게 가면 있어요. 가서 착한 초콜릿 있어요, 물어보면 되고요. 그리고 홈페이지에서 착한 초콜릿 쳐보면 나와요. 그럼 정리해보자.

이제 '착한 초콜릿'을 통해 진정한 '관계 맺기'가 무엇인지 정리할 차례다. 〈관계 1〉의 활동만으로 진정한 관계를 맺었다고 할 수 없고, 물건을 만든 사람들의 삶과 관계를 맺어야 한다고 정리했다.

교사 이거는 담임선생님께 드릴 거야. 이거하고 먹었던 초콜릿이 어떻게 맛이 다른지 비교해보고요. 자, 생각해보자. 선생님이 이 수업을 준비하기 전에는 초콜릿에 대해서 아무 생각이 없었어. 그냥 달콤하잖아. 여러분 좋아하잖아. 여러분, 달콤한 초콜릿을 만들기 위해서 많은 아이들이 어떻게 했어?

학생 일을 했어요.

교사 여러분 나이에 학교에도 못 가고 일을 했다, 그러면 여러 가지 물건이나 상품을 볼 때, 뭘 봐야겠어?

학생 원산지.

학생 재료.

교사 이 물건은 누가 만들어?

학생 아이들.

학생 일하는 사람.

교사 어른이나 아이들. 사람들이 만들지? 이 물건을 볼 때, 이 물건을 만든 사람들이 어떻게 생활하고 어떤 노력이 있었는가 생각할 필요가 있겠지? 여러분이 화살표로 그렸잖아, 이렇게. 코트디부아르에서 코코아가 우리 집으로 온다 그어놓고, 코트디부아르하고 제주도

'착한 초콜릿'을 통해 '나'와 다른 지역은 새로운 '관계 맺기'로 들어간다.

하고 관계있다, 이런 식을 알고 있잖아? 단지 이 화살표만 긋는 거 가지고 관계가 있는 것은 아니죠. 코트디부아르에 있는 누구죠? 에브라임과 같은 친구들이 어떻게 생활하는가를 느껴야지만이 코트디부아르하고 우리가 깊은 관계가 있다고 생각해요. 그래서 여러분이 물건이나 상품을 볼 때, 상품에 담긴 사람들도 봤으면 좋겠다는 생각이 드네요. 수업은 이것으로 마쳐요. 질문 있어요?

학생 누가 만든 건지 어떻게 알아요?

교사 누가 만든 건지 어떻게 아냐? 그러니까 이 착한 초콜릿을 만들고자 하는 모임이 있어요. 거기에 가입하는 거지요.

학생 시민단체.

교사 그래요, 시민단체라고 하죠. 가입해요. 그러면 그 회사가 가입되어 있으면 그곳이 착한 초콜릿을 만드는 회사구나 하고 이름을 붙여주는 거죠. 또 질문 있어요? 그러면 착한 초콜릿을 먹어보면서 초콜릿을 만든 사람들을 생각해봅시다. 그럼 수업 마칠게요.

수업 말미에 한 학생이 의미 있는 질문을 했다. "누가 만든 건지 어떻게 아느냐"는 질문이었다. 수업 당시 나는 이 질문을 "공정무역을 하는지 어떻게 아느냐"로 받아들여 설명했다. 하지만 수업이 끝난 후 수업 영상을 다시 보니, 그런 의도가 아니었다. 상품에 담긴 사람들을 보자는 수업자의 말에 대한 반응이었다. 상품에 담긴 사람들을 보려면 그 상품을 구체적으로 누가 만들었으며, 어떻게 일하는지 어떻게 아느냐는 질문이었다. 에브라임 킨도 이야기를 발굴했듯이, 학생들에게 들려줄 이야기를 발굴해야 한다는 과제가 남는다. 단지 상품에 누군가의 땀이 어려 있다고만 설명하기보다는 구체적인 삶의 장면을 보여주었을 때, 아이들이 착한 관계를 맺을 것이기 때문이다.

4. 마치며: 진정한 지구적 관계 맺기

필자는 지구적 관계 맺기는 상품을 매개로 지역 간 화살표 긋기로 이루어지지 않으며, 사람의 삶을 이해하고 공감하는 것이라고 보았다. 수업 의도를 구현하기 위해서 기존 교과서의 '관계 맺기'에서 벗어나는 '착한 초콜릿' 수업을 진행했다. 이 수업을 접한 학생들은 매우 재미있다는 반응을 보였다. 관계를 맺는다는 것의 의미를 교과서와 다른 방식으로 풀어냈고, 학생들이 평소에 좋아하는 초콜릿과 관련된 새로운 사실을 알았기 때문일 것이다. '착한 초콜릿'이란 상표가 붙은 초콜릿을 알게 된 것도 한몫했을 것이다. 하지만 진정한 지구적 관계 맺기라는 측면에서 보면, 이 수업에서 몇 가지 살펴볼 문제가 있다.

첫째, 이 수업에서는 '관계 맺기'를 '사람들의 삶을 들여다보기'로 설정했으나, 진정 사람들의 이야기를 살펴본 것인지 생각해볼 필요가 있다. 코트디부아르에 사는 에브라임 킨도라는 소년의 이야기를 찾아서 제시했으나, 결국 그들의 삶을 동정하는 것으로 수업이 진행되었다. 수업자가 제시한 이야기를 통해서 학생들이 다양하게 생각할 수 있는 기회를 제공하지 않고 '착한 소비'를 너무 강조했기 때문이다. 이는 교과서 서술이 정치적, 경제적, 사회적, 문화적 관계 맺기 중 경제적 관계에 치우쳐 있다는 필자의 비판을 그대로 적용할 수 있는 대목이다. 또 다른 방식으로 경제적 관계를 다루어서, 결국 총체적 관계 맺기를 학습하도록 하는 데 실패한 것이다.

또한 필자가 제시한 '공정무역' 혹은 '착한 소비'의 원래 취지에도 맞지 않았다. '공정무역' 혹은 '착한 소비'는 생산자를 동정하는 것이 아니다. 노동자들이 제값을 받고 일하게 하자는 것이다. 하지만 필자는 코코아를 생산하는 사람들을 도울 방법이 무엇인지 찾게 하여 '공정'이 아닌 '동정'의 관계를 맺도록 은연중에 가르쳤다. "타자와 얼굴과 얼굴을 마주한 관계"를 모색하기보다는 어느 순간, 이성의 "빛의 매개를 통해서" 계몽과 연민으로 "내가 만나는 대상을 파악"(Levinas, 77, 101쪽)하려는 욕망을 드러냈던 것이다.

이런 오류에서 벗어나 타인의 삶을 이해하기 위해서는 역사적 관점과 지리적 관점으로 관계 맺기를 보아야 했다. 역사 및 지리 탐구를 통해서 타인 삶의 정황들을 시공간의 차원에서 구체적으로 들여다볼 수 있기 때문이다. 상아 해안(아이보리코스트)으로 불리는 '코트디부아르'의 자연환경과 역사적 배경을 학습했다면, 에브라임 킨도의 삶을 코트디부아르의 과거, 현재, 미래의 맥락 속에서 조망할 수 있었을 것이다. 초등학교에서 세계 문화 및 지리의 관점은 소개되고 있다. 하지만 세계사 및 지구사의 관점은 학습되고 있지 않다. 지구적 관계 속의 타인의 존재를 확인하기 위해서는 세계사 및 지구사적 관점이 절실하다.

역사적 관점과 지리적 관점을 바탕으로 지구적 관계 맺기를 어떻게 가르쳐야 할지 과제로 남는다.

둘째, '왜 관계 맺기인가'라는 질문에 대한 답이다. '왜 지역끼리 교류하고 관계 맺는가'라는 질문에 '지역에서 부족한 것을 얻을 필요 때문'이라는 상투적인 답을 했다. '필요'에 의해 관계 맺기를 한다는 답에서 벗어나야 한다. '필요'가 없으면 관계 맺기가 이루어지지 않을 것이기 때문이다. 시공간적으로 먼 지역과 지금 살고 있는 지역 사이에는 관계 맺을 필요가 없게 된다. '필요'가 아닌 '연기(緣起)'의 관점으로 관계 맺기를 바라보아야 한다. 우리의 삶과 사회 현상은 다른 삶이나 다양한 원인과 조건들이 서로 중첩되어 나타난다. 그러하기에 우리는 우리를 둘러싼 모든 것과 관계 맺을 수밖에 없다. '연기'로서 지구적 관계 맺기를 어떻게 형상화할지 더 많은 고민을 해야 한다. 여기서 짚고 넘어가야 할 것이 있다. 화살표 긋기로 표시되는 선형 관계가 진정한 지구적 관계 맺기가 아니라는 점이다. 진정한 지구적 관계는 중층으로 얽혀 있는 관계일 것이다.

셋째, 어떻게 인식을 넘어 실천으로 이어질 수 있는가 하는 것이다. 필자는 수업을 통해 '관계'의 의미를 새롭게 모색하고 상품에 담긴 사람들의 사연에 관심을 갖게 하려고 했다. 이런 관심 혹은 인식이 지구적 인식으로 연결되리라는 소박한 기대를 가졌다. "이렇게 관심을 갖고 인식하는 것만으로 코코아 노동에 동원되는 아이들의 삶이 달라질까"라고 반문한다면 필자는 확신에 찬 답을 할 수 없다. 다만 이런 관심과 인식이 모여서 세상을 변화시킬 수 있지 않을까 하는 희망의 메시지를 던지는 수밖에.

이는 수업을 하고 나서 필자가 직면한 가장 큰 문제다. 작은 몸짓이 운동하여 사회나 사람들에게 영향을 줄 수 있을까? 과연 학생들의 삶은 어떤 변화가 있을까? 한두 시간 수업으로 학생들을 변화시키기란 어렵다. 이런 고민을 하면서 나 자신의 '몸'이 다른 방향으로 움직이는 것을 발견했다. '착한 초콜릿'보다 더 값싼 초콜릿을 고르는 모습에서, 초콜릿에 담긴 아이들의 노동을 생각하기보다는 초콜릿의 원산지를 한 번 읽어보는 내 모습에서. 진정한 지구적 관계를 위한 내 삶의 전략을 보이지 못했다. 수업에서 지구적 관계를 대상화하고만 있었던 것이다. 그리고 학생들을 계몽하고 있었던 것이다.

수업 속 '인식'에 머물지 않고 일상 속 '실천'을 문제 삼아야 한다. '머리'가 좋은 사람이 아니라, '몸'이 좋은 사람을 키워야 한다. 진정한 지구적 관계 맺기는 좋은 '몸'을 만드는 교육을 통해서 가능하다. 수업자로서 내 '몸'은 괜찮은지 먼저 물어볼 일이다. 이것이 바로 지구적 시민이 갖추어야 할 가치를 일상에서 배우고 익히는 전제 조건이다.

> 우리 학생들은 좋은 가치에 관해서는 어쩌다 '배울(學)' 뿐이고 일상 속에서는 그 반대를 '익힌다(習).' 우리 학생들은 남과 더불어 살아야 한다는 공동체 의식, 연대의식을 어쩌다 '배우지만' 일상에서는 남을 누르고 혼자 이기는 것을 '익힌다.' 우리 학생들은 인권의식에 대해 이따금 배울 뿐이고, 일상에서는 인권 침해를 몸에 익힌다. 우리 학생들은 자유, 평등의 가치를 어쩌다 배우고 일상에서는 억압과 차별, 인권 침해를 겪으며 몸에 익히기 때문에 나중에 남을 억압, 차별하고 인권을 침해하면서도 인식하지 못한다(홍세화, 29쪽).

---

* 이 글은 《글로벌교육연구》 제2집 1호(2010년)에 게재된 내용을 수정한 것이다.

참고문헌

강신주, 《상처받지 않을 권리》, 프로네시스, 2009.

교육과학기술부, 《사회(4-1)》, 두산동아, 2010.

교육인적자원부, 《사회과 교육과정》, 2007 개정 교육과정 교육인적자원부 고시 제2007-79호, 2007.

김영민, 《김영민의 공부론》, 샘터, 2010.

김홍호, 《생각 없는 생각》, 솔, 1999.

법정, 《아름다운 마무리》, 문학의숲, 2008.

신영복 외, 《여럿이 함께》, 프레시안북, 2007.

양형진, 《산하대지가 참빛이다》, 장경각, 2001.

엄기호, 《아무도 남을 돌보지 마라》, 낮은산, 2009.

홍세화, 《생각의 좌표》, 한겨레출판, 2009.

Barr, R. D., J. L. Barth and S. S. Shermis, *Defining the Social Studies*, Bulletin 51. NCSS, 1977.

Levinas, I., *Le Temps Et L'autre*, 강영안 옮김, 《시간과 타자》, 문예출판사, 1996.

NCSS, *Expectations of Excellence: Curriculum Standards for Social Studies*, Washington D.C.: NCSS Publications, 1994.

Nussbaum, M. C., *Not For Profit*, 우석영 옮김, 《공부를 넘어 교육으로》, 궁리, 2011.

부록

'국경을 넘는 어린이·청소년 역사책' 심사 규정
(한양대학교 비교역사문화연구소 내규, 3호)

1. 명칭

한양대학교 비교역사문화연구소(이하 '연구소')가 매년 선정하여 시상하는 '국경을 넘는 어린이·청소년 역사책'의 정식 명칭은 'ㅇㅇㅇㅇ년도 한양대학교 비교역사문화연구소가 선정한 제ㅇ회 국경을 넘는 어린이·청소년 역사책(이하 '국경을 넘는 어린이·청소년 역사책')'으로 한다.

2. 목적

연구소는 '국경을 넘는 어린이·청소년 역사책' 선정과 시상을 통하여 어린이·청소년들이 세계시민으로서 역사적 상상력을 키울 수 있도록 장려한다.

3. 선정 및 시상 내역

1) 매년 어린이·청소년 역사책을 평가하여 권장도서를 선정하고, 그

가운데 가장 뛰어난 작품을 쓴 작가에게 대상을 수여한다.

2) 대상은 어린이 역사책, 청소년 역사책 두 부문으로 하고, 각각 상패와 상금 300만 원을 수여한다.

3) 심사 결과 부문별 대상 작품을 선정하지 않거나 부문별로 두 작품을 공동 대상으로 선정하여 시상할 수 있다. 공동 대상인 경우에는 부문의 상금을 1/2로 나누어 수여한다. 그리고 장려상을 수여할 수 있으며, 장려상의 상금은 100만 원으로 한다.

4. 심사 과정

1) '국경을 넘는 어린이·청소년 역사책'을 심사하기 위해 예심위원회와 본심위원회를 둔다.

2) 예심위원회는 '국경을 넘는 어린이·청소년 역사책' 권장도서를 선정하고, 본심위원회는 그 선정 목록 가운데 대상 및 장려상 작품을 결정한다.

3) 심사 대상은 전전년도 11월 1일부터 전년도 10월 31일까지 출판된 초판본에 한한다. 단 2014년의 경우, 2013년 1월 1일부터 10월 31일까지 출판된 초판본을 심사 대상으로 삼는다. 그리고 11월 15일까지 본 연구소에 접수된 도서에 한하여 심사 대상으로 삼는다.

5. 예심위원회

1) 예심위원은 3명 이상으로 구성하되, 연구소에서 위촉한다.

2) 예심위원장은 위원들 사이에서 호선하고 임기는 2년으로 한다.

3) 예심위원회는 매월 1회 이상의 위원회를 열어 권장도서 선정 작업

을 수행한다. 예심위원회는 권장도서 선정 작업의 원활한 수행을 위한 홍보, 공문의 발송 등의 업무를 할 수 있다.

4) 권장도서 선정은 예심위원 전원 합의제로 하며, 구체적인 선정 과정은 예심위원회에서 결정한다.

5) 예심위원회는 매년 11월 말까지 부문별 권장도서 목록을 연구소에 보고한다.

6) 부문별 권장도서의 수는 5권 이상 15권 이하로 한다. 작품 수가 5권 미만이거나 15권 초과일 경우에는 그 이유를 연구소에 보고한다.

7) 연구소는 예심위원들의 원활한 활동을 위해 심사비나 기타 활동경비를 지급할 수 있다.

8) 공정한 심사를 위해 예심위원 본인이나 직계가족이 기획, 집필, 그림 작업, 사진 작업, 디자인 작업, 편집, 원고 검토, 자문, 추천 등의 행위를 하였을 경우, 그 작품은 심사 대상에서 제외한다.

6. 본심위원회

1) 본심위원은 3명 이상으로 구성하되, 연구소에서 위촉한다. 본심위원회는 대상 선정을 위해 필요한 시기 동안 한시적으로 활동한다.

2) 본심위원장은 위원들 사이에서 호선한다.

3) 심사는 예심위원회가 선정한 권장도서 목록을 대상으로 하며, 본심위원회는 각 부문의 수상작을 선정하고 심사평을 연구소에 보고한다.

4) 수상작은 전원 합의를 원칙으로 결정하며, 합의가 이루어지지 않을 경우에는 다수결로 선정할 수 있다.

5) 연구소는 본심위원들의 원활한 활동을 위해 심사비나 기타 활동경

비를 지급할 수 있다.

6) 본심위원은 양심에 따라 공정하게 심사를 해야 한다. 본인이나 직계가족이 관여한 책에는 의견을 내지 않아야 한다.

7. 기타

1) '국경을 넘는 어린이·청소년 역사책' 권장도서 및 대상에 선정된 작품은 연구소가 수여한 상패의 마크를 작품 홍보를 위하여 사용할 수 있다.

2) 저작권 관련 법률 위반으로 법원 판결이 확정된 경우, 작품 선정이나 시상을 취소할 수 있다. 이 경우 상패와 상금은 회수한다.

3) 예심위원회는 전년도 심사한 책 가운데 보관본 이외의 책들은 연구소에서 지정하는 도서관이나 공부방 등에 보낸다.

4) 시상식 당일에는 '국경을 넘는 어린이·청소년 역사책'과 관련된 심포지엄이나 전시회 등의 행사를 개최할 수 있다.

제1회 '국경을 넘는 어린이·청소년 역사책' 총심사평

한양대학교 비교역사문화연구소는 어린이·청소년 역사책의 중요성을 인식하고, 2014년부터 매년 '국경을 넘는 어린이·청소년 역사책'을 선정하여 시상하기로 결정하였으며, 올해는 2013년 1월 1일부터 10월 31일 사이에 출간된 도서를 심사 대상으로 하였다. "국민국가(nation-state)의 관점을 넘어 '초국적(transnational)/전 지구적(global)' 시각에서 한반도, 나아가 인류의 역사와 문화를 이해하는 데 기여하고, 다문화 사회에 걸맞은 '공존의 윤리'를 구현한 작품"이라는 선정 기준을 제시하고, 이를 여러 경로를 통해 홍보하였다. 본 연구소는 이 상의 제정과 수여가 그동안 동화 중심의 문학물에 비해 상대적으로 관심이 적었던 어린이·청소년 역사책 분야에 새로운 활력을 부여하고, 학계와 여론의 관심을 촉발하는 계기가 될 것으로 기대한다.

이 기회를 빌려, 본 연구소의 취지에 뜨겁게 호응해주신 모든 출판사에 감사의 마음을 표한다. 2013년 11월 말까지 288종의 도서가 접수되었는데, 이 가운데 주최 측에서 정한 출판 기간에 출간된 247종의 도서가 예심위원회의 심사를 거쳤다. 예상을 뛰어넘는 호응과 성원에도 불구하고, 본 상이 제시한 선정 기준에 부합하는 도서는 그리 많지 않았다. 우선, 예심위원회 심사에서 '역사책' 범주로 분류된 도서는 139종에 불과하였다. '역사책' 범주에 속하는 도서들도 대개는 민족주의적 관점 혹은 일국사적 관점을 보여준 것들이 대부분이었으며, 이중에는 학습만화를 비롯한 학습보조재 성격의 도서들도 적잖이 포함되었다.

그나마 어린이를 대상으로 한 역사책의 경우는 그 종류도 적지 않고, 선정 기준에 부합하는 도서들이 있어서, 총 5권이 예심위원회를 통해 '권장도서'로 추천되었다. 그러나 청소년을 대상으로 하는 도서의 경우는 오직 1권만이 추천되었다. 청소년 대상이라는 범주의 규정이 모호한 측면이 있기는 하지만, 청소년을 대상으로 하는 출판 시장 자체가 위축되어 있는 현실이 반영된 것으로 보인다. 이에 대하여, 본 심위원회는 국영수를 중심으로 한 입시 위주 학교 교육 체제가 청소년들의 독서 시간을 빼앗았고, 또 이것이 시장의 위축을 초래하였으며, 이로 인해 다시 청소년들에게 좋은 독서의 기회를 제공하지 못하는 악순환의 결과로 진단하였다. 아울러 본 연구소를 포함하여 그동안 이러한 현실을 외면해온 대학의 관련 학과들과 연구소들 또한 이 책임으로부터 자유롭지 못함도 물론이다.

예심위원회에서는 어린이 역사책 부문에서 5권, 청소년 역사책 부문에서 1권의 도서를 추천하였다. 지난 1년간 예심위원으로 수고해주신 최정아(위원장, 동화작가), 안정희(느티나무도서관재단 상임이사), 이동욱(숙지고등학교 역사교사), 한미경(동화작가) 위원께 감사의 말씀을 전한다. 어린이 부문에 추천된 권장도서는 다음과 같다. 우선 대상작인 《우리역사에 뿌리내린 외국인들》(해와나무)과 장려상에 선정된 《제술관 따라 하루하루 펼쳐보는 조선통신사 여행길》(그린북)을 비롯하여, 《세 나라는 늘 싸우기만 했을까?》(책과함께어린이), 《역사를 바꾼 위대한 알갱이, 씨앗》(미래아이), 《세계와 만난 우리 역사》(창비) 등이 추천되었다. 청소년 부문에는 《십대를 위한 동아시아 교과서》(뜨인돌)가 추천되었는데, 장려상 수상작이다.

청소년 부문에서 1권만 추천되고, 대상작을 내지 못한 것은 분명 당혹스러운 일이다. 앞서 언급한 바와 같이, 이는 한국 교육계와 출판계의 치부를 있는 그대로 드러낸 것이었다. 본심위원회에서는 청소년 부문에서의 시상을 무위로 돌리는 것까지도 심각하게 고려하였으나, 이러한 현실에 문제를 제기하는 작은 계기가 되기를 바라면서, 이를 유지해보기로 뜻을 모았다. 그리하여 유일하게 추천된 뜨인돌 출판사의 《십대를 위한 동아시아 교과서》에 장려상을 수여하기로 결정하였다.

《십대를 위한 동아시아 교과서》의 추천 및 수상 이유는 다음과 같다. 예심위원회의 추천사에서는 두 가지를 강조했다. 하나는 "주제 중심의 서술 덕분에 동아시아 국가들이 전체적으로 균형 있게 서술되었으며, 역사란 인류가 살아가는 이야기라는 점을 잘 보여주었다"는 것이다. 다른 하나는 '전 지구적 관점에서 평화가 어떻게 가능한가 하는 주제와 관점을 유지하고' 있으며, '국가 간의 이해관계로 인해 야기되는 갈등과 전쟁 속에서 개별 인간의 삶에 주목함으로써 평화의 가치를 이끌어냈다'는 점이다. 그럼에도 장려상에 그친 주된 이유는 '해당 도서의 파격과 지향은 본 상의 취지에 알맞으나, 9개 모둠 속 주제들 사이의 연결고리 설정이 지나치게 자의적'이라는 평가 때문이었다.

앞서 언급한 바와 같이, 어린이 부문에서는 5권의 책이 추천되었다. 본심위원회에서는 이중 3권의 책을 수상 후보작으로 올려두고, 마지막까지 고민하였다. 이 수상 후보작들에 대한 예심위원회의 추천 이유부터 밝히고, 본심위원회의 수상 결정 의견을 덧붙이는 형식으로 추천 및 심사평을 갈음하고자 한다. 여기에서 제외된 2권에 관하여 잠시 언급하자면, 우선 《역사를 바꾼 위대한 알갱이, 씨앗》(미래아이)은 아이디어와 기획은 눈길을 끌었지만, 역사적 사실에 관한 검증되지 않은 '자의적' 해석과 서술이 적지 않게 포함되어 있다는 점이 문제가 되었다. 정수일의 《한국 속의 세계》를 어린이 눈높이에 맞추어 다시 쓴 《세계와 만난 우리 역사》(창비)는 원작만큼이나 좋은 책이지만, '명작 다이제스트' 이상도 이하도 아니라는 평가를 받았다.

《세 나라는 늘 싸우기만 했을까?》(책과함께어린이)는 마지막까지 수상 대상으로 고려되었던 책이다. 예심위원회의 추천사는 한, 중, 일 삼국의 역사를 교류의 관점에서 접근하여 집중적으로 다루었다는 점과 그에 걸맞은 매력적인 제목에서 추천 이유를 찾았다. 본심위원회에서도 이러한 의견에 동의하였고, 상의 제정 취지에 부합한다고 여겼다. 그런데 이러한 장점에도 불구하고, 이 책이 최종 수상 대상에서 제외된 이유는, 다른 두 도서에 비해 서술과 구성이 단조롭고, 편집이 자습서 형식으로밖에 보이지 않을 정도로 별다른 특징이 없다는 점이다. 예심위의 추천사에서도 "구성이 좀 더 구조화되었다면 좋았을 것"이라며 아쉬움을 표한 바 있다.

장려상 수상작으로 선정된 《제술관 따라 하루하루 펼쳐보는 조선통신사 여행길》(그린북)은 9차 통신사로 떠난 신유한이 쓴 《해유록》과 10차 통신사의 화원인 이성린이 남긴 〈사로승구도〉라는 그림을 바탕으로 재구성된 책이다. 예심의 추천사에서는, "신유한이 말하듯이 들려주는 통신사의 여행기를 읽다 보면, 아이들은 (……) 자연스럽게 익힐 수 있을 것"이고, "그림과 함께 여행길을 따라가다 보면, 마치 통신사가 머물렀던 일본 곳곳의 풍경이 눈앞에 펼쳐지는 듯한 기분을 느낄 수 있을 것"이라며, 이 책의 장점을 강조하고 있다. 그리고 본 상 심의 취지와 부합하는 면에 대해서도, "서로의 문화를 존중하고 차이를 인정하는 '조선통신사'라는 소재야말로 국경을 뛰어넘는 역사책에 부합하는 소재가 아닐까 한다"라고 적고 있다.

본심위원회에서도 이 책은 강력한 대상 후보작으로 마지막까지 고려되었다. 완성도 면에서는 가장 뛰어난 책이라는 데에 이견이 없었다. 심지어는 통신사를 다룬 기왕에 발간된 어떤 도서와 비교해도 손색이 없다는 평가도 나왔다. 그러나 창의성과 시의성 측면에서 경쟁작에 비해 박한 점수를 받을 수밖에 없었다. 신유한의 명문장과 사로승구도의 생생한 그림은 분명 이 책의 품격을 높이는 데에 기여하였지만, '창의성'이라는 기준에서는 오히려 한계를 그었다. 그리고 '시의성' 부분에서도 현재 우리 사회의 큰 문제로 대두되고 있는 '다문화사회'의 문제를 다루고 있는 경쟁작만큼 깊은 인상을 주지 못하였다.

대상 수상작인 《우리역사에 뿌리내린 외국인들》에 대해 예심위원회는 추천 이유를 다음과 같이 밝혔다. "트랜스내셔널 히스토리'의 중심에는 민족, 국가가 아닌 '사람과 사람의 만남'이 있어야 한다. (……) 다문화사회의 현재와 미래를 만들어나갈 어린이들에게 세계화 시대에 부응하는 가치관과 사고방식을 제공하고자 한 기획 의도는 이러한 시각에서 출발하였고 내용을 통해 구현되었다. 물론 제목은 '우리'와 '외국인'을 구분하고 있지만, 내용은 오히려 '외국인'이라 생각하는 사람들이 '우리'를 구성해왔고, '우리'라고 생각하는 사람들이 '외국인'의 정신과 문화 속에서 살아 숨 쉬고 있음을 알게 한다."

본심위원회의 평가도 크게 다르지 않았다. 기획 의도와 내용이 이 상의 제정 취지에 가장 부합하는 작품이라는 데 이견이 없었으며, 그 구성과 편집 또한 수준급이라는 평가가 이루어졌다. 다만, 이 책은 역사책으로서는 가져서는 안 될, 반드시 지적되어야 할 약점 또한 지니고 있다. 일부이긴 하지만, 역사적 실증을 거치지 않은 내용('아유타국

공주')을 지나치게 단정적으로 서술하고 있다는 점이다. 어린이를 대상으로 하는 책이라 해도, 실증 문제에서 논란이 되는 부분에 대해서는 호기심이나 관심을 일으키는 정도의 개연성을 서술하는 데 그쳐야 한다는 지적이 있었다. 그러나 이 책이 지닌 다른 많은 장점들이 그 약점을 덮을 만하다고 판단하여, 그 단점을 심사평에 명기하는 조건으로 대상작에 선정하였다.

마지막으로 본 심사위원회는 '국사' 패러다임과 대학 입시가 좌지우지하는 척박한 시장 환경 속에서도 본 상의 취지에 부합하는 역사책들을 저술하고 출판해준 작가와 출판사에 다시 한 번 감사의 마음을 전한다. 더 나아가 본 연구소의 작은 시도가 많은 출판사들과 작가들의 노력과 만나 좀 더 풍성한 열매를 맺고, 종국에는 '국사'와 대학 입시 중심의 시장 토양을 바꾸어나가게 되기를 기대한다.

부록 3

'트랜스내셔널 역사학'과 '어린이·청소년 역사책', 어떻게 만날 것인가

'국경을 넘는 어린이·청소년 역사책' 제1회 시상 기념 좌담회

사회 : 윤해동(한양대 비교역사문화연구소)
토론 : 임기환(서울교대, 본심위원장), 오세운(용산고, 본심위원),
　　　최정아(작가, 예심위원장)
정리 : 정면(한양대 비교역사문화연구소 연구교수)

2014년 2월 11일 16~18시
한양대 비교역사문화연구소 회의실

'국경을 넘는 어린이·청소년 역사책' 시상제도의 출범과
제1회 심사의 경과

윤해동 '국경을 넘는 어린이·청소년 역사책', 제1회 시상 기념으로 좌
담회를 개최하게 되었습니다. 예심위원장을 맡아서 수고해주
신 최정아 작가님, 본심위원장을 맡아서 고생하신 임기환 서
울교대 교수님, 본심위원으로 참가해주신 오세운 용산고등학
교 선생님이 토론자로 참여해주셨습니다.

'국경을 넘는 어린이·청소년 역사책'이라는 시상제도를 비교
역사문화연구소에서 마련한 것은, 연구소 내부의 필요성 때
문이었습니다. 이 연구소는 한국연구재단의 인문한국(HK,
Humanties Korea) 사업의 지원을 받고 있는데요. 여기서는 '사
회화 사업'이라는 이름으로 연구 성과를 대중에게 전파하고 사
회화하는 사업을 권장하고 있습니다. 그래서 '역사교사 모임'
과 힘을 합쳐 중등학교 선생님들과 강좌를 열기도 하고, 또 일
반 대중을 대상으로 한 역사 강좌를 진행하기도 했습니다. 그
런데 최근에 워낙 그런 대중 강좌가 많아져서 대중들의 참여
도 저조하고 성과도 낮다는 판단이 들어서, 이런 사업을 추진
하게 되었습니다.

이 상을 제정한 취지는 이렇습니다. 연구소가 진행하고 있
는 인문한국 사업의 어젠더(agenda)가 '트랜스내셔널 인문학'
이라는 것입니다. 일국적인 인문학의 범주를 넘어서서 트랜스
내셔널한, 곧 탈경계적이고 글로벌한 사유를 바탕으로 새로운
인문학을 지향한다는 취지를 내걸고 있습니다. 이에 '트랜스
내셔널 인문학'의 연구 성과를 사회화하는 한 방법으로서, 성

장하는 어린이나 청소년을 위해 쓴 역사책을 대상으로 시상제도를 만들어서 시행해보는 것이 어떨까 하는 생각을 하게 되었습니다. 어린이·청소년들의 역사의식을 점검하고 그들의 역사의식을 확장시키는 데에 도움이 될 것이라고 생각한 것입니다. 어린이·청소년 역사책이 어떤 방식으로 만들어져서 유통되고 또 그들의 역사 인식의 수준은 어떠한가를 한번 점검해볼 필요가 있지 않겠는가, 또 '트랜스내셔널'한 또는 글로벌한 시각에 입각한 어린이·청소년 역사책이 있다고 한다면 그런 역사책을 대상으로 시상을 함으로써 새로운 문제의식이 활발하게 전파되는 데 도움을 줄 수 있지 않겠는가 하는 것이 이 상을 제정한 이유입니다.

시상제도를 만들기 전에 어린이·청소년 역사책과 관련된 시상제도가 어느 정도로 어떻게 실시되고 있는가 하는 현황 조사를 한 번 해보았습니다. 조사 결과 어린이 도서를 내는 출판사가 주최하는 공모전이 가장 많았습니다. 공모전이란 게 상업적인 목표가 뚜렷한 제도죠. 좋은 원고를 발굴해서 상업적인 이익으로 연결하겠다는 것이니까요. 하지만 그마저도 그다지 활발하게 운영되는 것 같지 않았습니다. 그다음에 아동문학가를 기리는 시상제도가 많았고, 이 밖에 어린이 문학 관련 단체나 지역에서 시행하는 '문학상'이 있었습니다. 또 문화관광부나 한국출판산업진흥원이 우수도서를 선정하고 책을 구매해서 도서관에 배포하는 제도가 있지요. 전체적으로 아동문학을 대상으로 한 출판사 공모전이 중심이 되고 있고, 여기에 각종 시상제도가 있기는 하지만 모두 그다지 활발하지는 않다, 그리고 어린이·청소년 역사책을 대상으로 하는 시상제도는 없는 것으로 확인했습니다. 그래서 어린이·청소년 역사책을 대상으로 시상제도를 시행해보는 것이 의미 있는 일일 수 있겠다는 판단을 하게 되었습니다.

그래서 2013년 초부터 본격적으로 시상제도를 시행하기 위한 준비 작업을 진행하게 되었습니다. 2013년 3월에 '어린이·청소년 역사책, 길을 묻다'라는 주제로 어린이·청소년 역사책 출판 및 역사 교육과 관련한 심포지엄을 개최함과 동시에 이 시상제도를 사계(斯界)에 널리 알렸고, 그에 즈음하여 예심 심사를 시작하였습니다.

2013년 1월부터 10월 말까지 발간된 도서를 대상으로 예심을 진행하였는데요. 이 10개월 동안 출간된 어린이·청소년 책 247종이 접수되었는데, 그중에서 역사책으로 명확하게 분류된 도서가 139종 정도였습니다. 이 139종을 대상으로 예심을 진행한 거죠. 예심에서는 어린이 역사책 5권과 청소년 역사책 1권이 추천되었습니다. 예심위원회에서 추천된 이 6권의 도서를 대상으로 올해 1월에 본심위원회가 진행되었고, 어린이 역사책에 대상 1권, 장려상 1권, 그리고 청소년 역사책에 장려상 1권, 도합 3권의 책을 선정하게 되었습니다. 올해 시상은 2월 28일에 할 예정이고, 이때 초중등학교의 역사 교육을 주제로 심포지엄도 개최할 예정입니다. 지금까지 간략하게 시상제도를 제정한 취지와 지난해 심사제도를 운영한 경과를 말씀드렸습니다.

앞으로 좌담은 크게 세 파트로 나누어서 자유롭게 진행했으면 합니다. 첫 번째 파트에서는 예심 및 본심 진행과 관련한 감상과 평가를 들어보겠습니다. 다음으로는 세 분이 각기 관여하고 있는 분야가 다르기 때문에 세 분이 관여하는 분야에서 어린이·청소년 역사책을 발전시킬 수 있는 방안에 대해서 듣기로 하겠습니다. 마지막으로 시상제도 운영과 관련해서 개선할 점이라든지, 앞으로의 발전 방향에 대해 들어보는 방식으로 좌담을 진행하도록 하겠습니다.

먼저 예심위원장으로 활동해주신 최정아 작가님께서 말씀해주시죠. 예심을 진행하는 과정에서 다양한 시행착오를 겪었을 것 같은데, 어떤가요?

    ❝연구소가 진행하고 있는 인문한국 사업의 어젠더가 '트랜스내셔널 인문학'이라는 것입니다. 일국적인 인문학의 범주를 넘어서서 트랜스내셔널한, 곧 탈경계적이고 글로벌한 사유를 바탕으로 새로운 인문학을 지향한다는 취지를 내걸고 있습니다. 이에 '트랜스내셔널 인문학'의 연구 성과를 사회화하는 한 방법으로서, 성장하는 어린이나 청소년을 위해 쓴 역사책을 대상으로 시상제도를 만들어서 시행해보는 것이 어떨까 하는 생각을 하게 되었습니다❞

최정아 예. 예심은 2013년 3월 29일에 심포지엄을 열어 '국경을 넘는 어린이·청소년 역사책' 제정을 알리기 전부터 시작했어요. 그때 네 분이서 참여했죠. 시작은 했으나 처음에는 아직 상에 대해 홍보가 되기 전이라 연구소로 책이 안 들어왔어요. 책이 없어 과연 예심을 어떻게 할 것인가 고민을 하다가, 각자 책 한 권씩을 가져오기로 했죠. 다 같이 책을 보면서 관점이 어떤가, 대상 연령에 맞게 구현되었는가, 역사적 사실이나 사진, 그림이 정확한가, 정확한 자료를 썼는가 등에 대해 의견을 나누면서 심사 기준점을 찾았어요. 서평을 써가면서 예심위원이 아니라 본심위원이라도 된 것처럼 꼼꼼하게 평가를 했어요.

11월 중순까지 접수된 책 가운데 역사책이 절반 정도였고, 성인 대상 책들이 많이 들어와서 안타까웠어요. 성인 대상 책이지만 조금만 더 쉽게 청소년 대상으로 썼다면 참 좋았을 텐데 하는 책도 있었어요. 비슷한 소재를 대상으로 기획된 책이 어린이 대상, 청소년 대상으로 동시에 들어온 책도 있었어요. 역사책이나 문학책이나 마찬가지지만, 어린이 책은 공모전 수상작이라는 타이틀이 중요하잖아요. 공모전을 통해서 등단하면, 그 책은 베스트셀러가 되고 그 작가는 다음 작품을 보장받는 것이 현실이에요. 거기에 들지 못하면, 관심이 멀어진다고 할까요. 그래서 다들 공모전에 열심히 뛰어드는데, 그러다 보니 공모전에 당선된 작품을 따라가게 되는 유행 비슷한 것이 만들어지더라고요.

윤해동 출판사에서 접수한 책이 모두 288종(심사 대상 기간 부적합 도서 포함)인데 실제로 역사책 범주에 드는 것은 139종이니까 반 정도밖에 안 되네요.

최정아 역사책에 인물 이야기, 역사 동화, 답사, 문화를 다룬 책까지 다 포함시켰는데요. 과학책도 많이 출품되었고, 수학책, 요리책도 있었고, 처세술 관련 책도 들어왔어요.

윤해동 왜 그런 현상이 생겼나요? 출판사에서 판단을 잘못한 건가요?

최정아 상의 취지를 출판사에서 정확히 인지하지 못했기 때문이 아닐까 합니다. 제가 출판사 관계자 분한테 여쭤봤을 때도 상의 취지를 잘 모르시더라고요. 그래서 일단 한 번 보내보는 것 같아요. 연구소로 들어오는 책은 출판사에서 직접 보내는 게 아니라 홍보대행업체가 보내는 거잖아요. 이 과정에서 걸러지는 책들이 있지 않았을까 하는 생각도 들어요.

윤해동 1년 가까이 예심위원회를 운영했으니까 지금은 어린이·청소년 역사책 심사와 관련한 노하우가 조금 생겼을 것 같은데 어떤가요?

최정아 지난해에는 책이 다달이 30권 정도가 들어오더니, 12월과 1월에 본심이 열리느라 예심이 쉬는 사이에 80권 정도가 들어왔어요. 두 달 사이에 80권 정도가 되니까, 한 달에 40권 정도로 분량이 늘어났어요. 그래서 예심 운영을 조금 바꿨어요. 작년에는 역사책이라면 놓치지 않고 다 심사하는 데 초점을 두었다면, 올해부터는 논의가 필요한 책을 다 같이 읽고 심도 있게 심사하는 방식으로 바꾸었어요.

윤해동 예심 심사 기준에서 내용 이외에 아까 말씀하신 문장이라든지 수사라든지 기타 형식과 관련한 문제는 어느 정도 반영이 되나요?

최정아 예심위원에 역사 선생님이 계시고, 글을 쓰는 작가 선생님도 계시고, 또 도서관에서 다양한 방식으로 학생들을 만나는 사서 선생님이 계셔요. 저는 어린이도서연구회에서 오랫동안 어린이·청소년 대상 역사책을 많이 봤어요. 예심위원들이 다양한 분야에서 활동하기 때문에 한 사람이 놓친 걸 다른 분들이 찾을 수 있어서 시너지 효과가 큰 것 같아요. 지금 그 기준을

> 역사책이나 문학책이나 마찬가지지만, 어린이 책은 공모전 수상작이라는 타이틀이 중요하잖아요. 공모전을 통해서 등단하면, 그 책은 베스트셀러가 되고 그 작가는 다음 작품을 보장받는 것이 현실이에요. 거기에 들지 못하면, 관심이 멀어진다고 할까요. 그래서 다들 공모전에 열심히 뛰어드는데, 그러다 보니 공모전에 당선된 작품을 따라가게 되는 유행 비슷한 것이 만들어지더라고요 ""

명확하게 공개하는 게 옳은지……. 어떻게 되나요?

윤해동 대체적인 기준을 말씀해주시면 좋겠습니다. 아주 구체적이지는 않더라도.

최정아 먼저 역사책이냐 아니냐를 분류하고, 그다음에 트랜스내셔널 시각에 입각한 것이냐 아니냐를 보고…….

임기환 처음에는 역사책 범주, 그다음에는 같은 역사책이지만 본 심의에서 지향하는 주제의식을 담고 있느냐 아니냐를 기준으로 해야겠지요.

오세운 그렇게 하면 전체의 3분의 1도 안 남을 것 같은데요.(웃음)

최정아 오늘 저희가 80권을 봤는데, 6권이 추려졌어요.

오세운 오, 10분의 1도 안 되네요.

윤해동 그러니까 역사책이냐, 트랜스내셔널 시각에 입각한 것이냐, 이 두 가지 기준에 의해 6권이 추려진 거죠?

최정아 예. 그다음에는 대상 연령을 고려해서 적절하게 표현되었냐를 집중적으로 보죠. 내용에 오류는 없는가, 사진이나 그림이 정확한가, 내용을 적절한 문장으로 잘 구현했는가 등을 봅니다.

윤해동 그런 세부 기준은 많이 있을 테지요. 예심 총평은 이 정도로 하고, 본심을 진행하신 두 분 선생님께서도 말씀을 해주시죠. 오세운 선생님부터 시작해주실까요?

'트랜스내셔널' 시각을 확립하기 위한 고민과 모색

오세운 우선, 예심 심사위원 선생님들께서 굉장히 고심을 해서 선정한 책을 너무 쉽게 평가한다는 미안함과 고마움을 느꼈습니다. 좀 전에 말씀하신 기준, 거기만 통과해도 좋은 책인 거 같은데, 실질적으로 현재 한국의 교육 실정상 학생들이 책을 읽기 어려운 상황임을 감안한다면, 그 정도 책이 나온 것도 어떻게 보면 신기하다는 생각도 듭니다. 그리고 제가 고등학교에 있다 보니까 아무래도 고등학교나 중학교 학생들에게 맞는 책이 거의 없었다는 점에 대해서, 당연하다고 여기면서도 일말의 서운함 같은 것을 느꼈습니다.

또 제가 심사 때 느낀 것 중 하나가, 어린이 책이나 청소년 책이라고 하지만 역사책에서 제일 관심을 가져야 하는 부분이 사실을 제대로 풀어내고 있느냐는 것인데, 결국 이 부분에서 제일 많이 걸렸습니다. 작가의 자의적 해석이 들어간 부분이 많아 아쉬웠습니다. 또 요새 고등학교 교과목도 '국사'에서 '한국사'로 바뀌었는데, 그런 흐름에 발 맞춰 내용이 다른 나라까지 포괄하려는 분위기는 긍정적이라고 볼 수 있습니다.

그런데 국경을 넘어서는 문제의식을 다루다 보니까, 서로 잘 지내는 얘기만 쓰고 있다는 점이 문제인 것 같아요. 늘 잘 지내는 건 아니니까, 갈등과 대립을 있는 그대로 보여주는 것도 좋지 않을까 합니다. 이쪽의 입장과 상대방의 입장 그리고 서로에 대한 이해와 오해 같은 것이 함께 서술된다면 그게 바로 좋은 역사책이 되지 않을까, 그런 생각을 해봤습니다.

윤해동 '설마 싸우기만 했을까'라고 질문할 수도 있지만, '싸우기도 했다'고 보는 것도 필요한 것이겠지요.

오세운 싸우기도 했다가, 가끔 화해도 했다가…… (웃음) 이런 게 필요한데, 한쪽 면만 강조하다 보면 늘 편향되는 문제가 생기는 거죠.

임기환 워낙에 예심위원들께서 잘 골라서 본심에 올려주셨기 때문에…… 본심에 올라온 책들은 장점이 많지만 단점도 발견할 수 있으니까, 그런 보완할 부분들이 이런 심의와 시상제도를 통해서 개선될 수 있다는 점에서 희망적이라고 생각합니다. 좋은 책들이 올라와 그중에서 대상과 장려상을 선정하였지만, 상을 받지 못한 책들도 나름대로 의미를 갖고 추천할 만한 책들이었습니다. 애초에 본심에 올라온 책의 총수가 적었기 때문에, 본심에서는 선택의 여지가 적었습니다. 예심에서 '역사책'인가 아닌가 하는 기준과 '트랜스내셔널' 관점을 유지하고 있느냐 하는 기준에서 책을 고르다 보니까, 본심에는 소수가 올라온 것 같습니다. 그나마 어린이 책 분야는 5권 정도였지만, 청소년 분야는 출품된 책 수도 적었고 추천도 적었는데 이는 바로 지금의 현실을 적나라하게 보여주는 것이지요.

청소년과 달리 어린이 책의 입장에서 본다면, '트랜스내셔널 역사학'이라는 범주를 어느 정도 수준으로 적용할 것인가를 재검토해볼 필요가 있습니다. 왜냐하면 어쨌든 역사책으로 분류된 책이 모두 140여 종이었으나 이 대부분이 민족사 혹은 일국사적 관점이 주조를 이루었기 때문에, 애초에 심사 대상에서 제외될 가능성이 높았던 것이지요. 이런 결과를 낳은 원인 중의 하나로, 학교 초등교육의 역사 교육과정이 한국사 중심으로 되어 있는 점을 생각할 수 있어요. 책을 만드는 출판사나 작가 입장에서도 그런 교육과정에 기준을 맞추다 보니까, 의식하든 의식하지 않든 간에 '트랜스내셔널' 시각을 담아내지 못한 부분이 적지 않았으리라 생각합니다.

이번에 선정된 책들을 보면, 주로 세계사적 시각이나 동아시아적 시각을 담고 있거나 혹은 교류 문제를 다루고 있습니다. 즉 책의 소재 자체가 '트랜스내셔널'한 것이죠. 그런데 출간 현실을 고려하면, 소재는 한국사가 중심이 되더라도 그 안에 트랜스내셔널 관점이나 시각을 수용하여 설명하는 책들이 심사 과정에서 누락되었을 가능성도 있다고 봅니다.

트랜스내셔널 시각을 직접적으로 반영한 책이 많이 생산되고 있지 않다는 점을 감안하면, 물론 판단이 쉽지 않겠지만, 한국사를 다룬 책 중에서도 트랜스내셔널한 시각이나 요소를 담고 있는 책을 포함하여 추천하고 심사할 필요가 있습니다. 그렇게 되면 앞으로 한국사 책을 만들더라도 트랜스내셔널 관점을 넣어서 만드는 것이 좋겠다는 분위기가 만들어지고, 그런 점이 이 시상제도가 갖는 취지를 더욱 살리고 확장시킬 수 있지 않을까 생각합니다. 향후에는 트랜스내셔널이라고 하는 부분을 지나치게 소재 중심으로 다루기보다는 관점을 기준으로 다루는 것이 필요하다, 곧 한국사 중심의 소재를 지닌 책들도

<blockquote>
트랜스내셔널 시각을 직접적으로 반영한 책이 많이 생산되고 있지 않다는 점을 감안하면, 물론 판단이 쉽지 않겠지만, 한국사를 다룬 책 중에서도 트랜스내셔널한 시각이나 요소를 담고 있는 책을 포함하여 추천하고 심사할 필요가 있습니다. 그렇게 되면 앞으로 한국사 책을 만들더라도 트랜스내셔널 관점을 넣어서 만드는 것이 좋겠다는 분위기가 만들어지고, 그런 점이 이 시상제도가 갖는 취지를 더욱 살리고 확장시킬 수 있지 않을까 생각합니다
</blockquote>

심층적으로 평가할 필요가 있지 않을까, 생각합니다. 그렇지 않으면 시중에 나오는 많은 어린이 책들이 처음부터 제외되는 그런 문제가 생길 수도 있습니다. 이번에 제가 예심을 하지 않아서 분위기를 잘 모르겠습니다만, 본심에 올라온 책들은 주제에서 이미 시상제도의 취지에 딱 맞았습니다. 그런데 이 상이 앞으로 지속적으로 운영되기 위해서는, 심의 기준과 범주를 이처럼 확장할 필요가 있을 거라고 생각합니다.

최정아 저희도 임기환 교수님이 말씀하신 부분을 계속 고민했어요. 왜냐하면 소재주의로 가다 보면 한국사나 전통문화라든지, 이런 것들은 아예 배제될 수 있잖아요. 하지만 예심을 통과한 책에 그런 게 없는 이유가, 한국사였기 때문에 배제했다거나 혹은 소재 중심으로 걸러낸 건 아니라는 것을 말씀드리고 싶습니다.

임기환 물론 그래요. 소재를 중심으로 예심을 진행했다는 말은 아니고
요. 한국사를 소재의 중심으로 삼다 보면, 트랜스내셔널 관점
을 어린이·청소년 역사책에 적용할 수 있는 여지가 굉장히 제
한될 거예요. 주로 교류사라든가 전쟁사라든가 그런 소재들
속에서 찾아야 할 테지요. 그래서 트랜스내셔널 관점이 적용
되었느냐 아니냐, 이런 측면을 조금 개방해둘 필요가 있다는
얘기입니다.

최정아 맞아요. 오늘 2014년도 예심 활동을 다시 시작했는데요. 작년
까지만 해도 트랜스내셔널, 이러면 뭔가 잡힐 것 같았는데, 심
사를 할수록 더 어려워진다는 걸 느꼈습니다. 이러다가 논문
하나 쓸 것 같다는 얘기들이 나올 정도입니다.(웃음)

윤해동 꼭 쓰시길 바랍니다. (웃음) 학계에서도 트랜스내셔널 시각이
라고 하는 게 처음 만들어지기 시작하는 단계고, 그런 시각을
적용한 좋은 실증 논문이 많이 있는 것도 아니니까요. 그런 상
황에서 대중화된 좋은 책이 나오리라 기대하는 것은 상당히
어려운 일이죠. 어쨌거나 서로 영향을 주고받으면서 발전하는
것이니까, 어린이·청소년 역사책 분야에서 이런 좋은 책이 만
들어지면 거꾸로 학계에 영향을 줄 수도 있겠지요.

오세운 얼마 전의 일이지만, '밖에서 보는 한국사' 이런 시각의 책도 있
었죠. 한국사를 다루지만, 만주에서 살았던 시각으로 보니까
달리 보이더라는 거죠. 박노자 씨 책이 상당히 인기가 있었던
이유도 우리가 못 보았던 부분을 보기 때문이잖아요. 고정된
시각에서 벗어나 있는 것 혹은 당연하다고 여겼는데 당연하지
않은 것, 그런 것에 대해 이야기함으로써 역사의 폭을 넓혀준
다고 봐야겠죠.

어린이·청소년 역사책 발전 방안과 초중등학교에서의 역사 교육

윤해동 예심을 시작한 지 1년 정도 지나서, 이제 어린이·청소년 역사 책 시장의 현황과 문제점도 어느 정도 드러난 상황인 것 같은 데요. 이제 이야기를 조금 바꾸어서, 어린이·청소년 역사책의 수준을 높이고 좀 더 발전적인 방향으로 변화시키기 위해서는 어떻게 해야 하는지에 대해 논의해볼까 합니다. 먼저 최정아 선생님께 드리고 싶은 질문은, 어린이·청소년 역사책 집필과 관련해서 공모전이 가진 긍정적인 혹은 부정적인 요소로는 어 떤 것을 들 수 있을지, 그리고 앞으로 바람직한 집필이나 출판 의 상황은 어떠해야 할지 하는 문제입니다.

최정아 신인들이 독창적인 시도를 할 수 있는 장이 공모전인데요. 창 작동화나 그림책 같은 경우는 공모전이 많이 있어요. 그런데 역사와 관련한 기획은 거의 없는 상황이에요. 공모전에 뽑히 면 선인세 1000만 원 정도를 받고 볼로냐 국제 아동도서전에 참관할 기회를 얻고요. 또 책도 많이 팔리죠. 그래서 당선작이 나오면 그걸 따라서 비슷한 작품들이 나오는 거예요. 이번에 도 공모전에서 당선된 작품과 비슷하게 기획되거나 유사한 내 용의 책이 청소년 대상, 어린이 대상으로 같이 들어왔거든요. 이런 작품은 어떻게 해야 하나 고민을 많이 했어요. 내용이 비 슷하고 기획을 따라했다고 해서, 그 작품을 아예 제외할 수는 없잖아요. 기획이 비슷하다 하더라도 거기에 들어가는 자료나 형식에 대해서는 작가가 굉장히 공을 들였을 텐데……. 그래 서 그 부분을 참 많이 고민했어요.

윤해동 참신한 작품이나 신인을 발굴한다는 점에서 공모전이 긍정적인 역할을 하지만, 말하자면 상업적 효과를 발휘함으로써 유사한 기획을 양산하는 부정적인 요소도 있다는 말씀이지요?

최정아 공모전에 뽑힌 작품은 무슨 공모전 수상작이라고 홍보를 많이 하잖아요. 시장에 나오면 아주 잘 팔리죠. 그 결과 공모전을 주관할 능력이 있는 대형 상업 출판사의 입지가 점점 커지면서, 다양한 목소리가 설 자리가 점점 없어지지 않나 싶어요.

윤해동 공모전에 지원하지 않고 대중화된 어린이 역사책을 작가들이 집필할 수 있는 분위기나 환경, 이런 것은 그다지 조성되어 있지 않죠?

최정아 요즘 경제 상황이 너무 어려워서요. 출판사들이 위험을 감수하고 모험을 하기가 쉽지 않은 상황이잖아요. 그래서 초등학교 사회 교과서와 연계하여 학습에 도움이 되는 책 그리고 공모전에 뽑힌 책처럼 판매가 보장되는 책을 만들게 되는 경향이 있는 것 같아요.

윤해동 아무래도 많이 팔리는 책은 동화 쪽이고, 역사책이 동화보다 시장의 수요가 더 크지는 않죠?

최정아 글쎄요. 제가 시장의 크기는 잘 모르겠지만, 일반 동화작가들도 역사 기획 쪽으로 많이 집필하거든요. 역사책은 학습과 연관이 되기 때문에 동화책 시장이 줄더라도 역사 학습에 관심을 가진 학부모들은 역사책을 많이 사서 읽히지 않을까, 그런 생각이 드는데요.

윤해동 이제 초등학교 역사 교육에 대해 이야기를 나누어보겠습니다. 초등학교 5학년에서 처음으로 한국사를 중심으로 배우기 때문에, 상당한 선행학습이 없으면 과정을 따라가기가 어려운 문제가 있다고 들었습니다. 이 문제와 어린이·청소년 역사책의 상황을 어떤 방식으로 연관 지어 이해할 수 있을지요?

임기환 현행 교육과정에서는 5학년 사회과목 중에 역사 수업을 1년 과정으로 진행하게 되어 있죠. 2007년 개정 교육과정부터 그렇게 되었어요. 그 이전 7차 교육과정에는 4, 5, 6학년에 역사 관련 내용이 분산되어 있었고, 통사 과정이 6학년 1학기에 배정되어 있었죠. 그런데 지금은 여러 학년에 분산되어 있던 역사 관련 내용을 다 통합해서 5학년 1년 과정으로 배우게 되어 있죠.

현재 2009년 개정 교육과정에 맞춰서 사회과 교과서가 편찬되고 있는데, 역사 영역은 5학년 2학기부터 6학년 1학기에 걸쳐 1년 과정으로 시행될 예정입니다. 어쨌든 과거에 4, 5, 6학년으로 나뉘어 있던 역사 교육이, 지금은 집중적으로 통사 형태로 묶여서 1년 단위로 두 학기에 걸쳐서 진행하도록 되어 있기 때문에, 말씀하신 바와 같이 학생들이 갑자기 역사를 접하게 되는 문제가 생겨요. 이 때문에 학생들만이 아니라 교사들도 수업의 어려움을 많이 토로하고 있어요. 현행 초등 교과서와 2009년 개정 교육과정에서 집중적으로 두 학기에 걸쳐서, 그것도 한국사 통사로 교육하는 것은 썩 바람직해 보이지 않습니다.

그런데 문제는 이런 교육과정 또는 여기에 맞춰서 편찬된 교과서가 어린이 역사 교육 전반에 매우 큰 영향을 미치고 있다는 점이죠. 민간 출판사들이 교육과정과 무관한 역사책을 만들어서 어린이들이 역사를 잘 이해할 수 있게 해준다는 그런 목표를 설정하기가 쉽지 않다는 것입니다. 물론 그런 접근을 할 수도 있습니다만, 역시 출판은 판매가 되어야 하니까 그리

자유롭지 않죠.

많이 판매하기 위해서는 책이 학교 수업에 얼마나 도움이 되느냐가 중요한 거죠. 사실 독자는 초등학생이지만, 그 책을 선택하고 사주는 건 학부모입니다. 또 학부모의 일차적인 목표는 그 책이 학교 수업과 시험에 큰 영향을 주는 것이니까, 출판사 입장에서도 교육과정이나 교과서에 예민하게 반응할 수밖에 없습니다. 쉽게 말해서 교과서의 부교재와 같은 내용과 형식을 가진 책들을 집중적으로 만들게 되는 거죠.

제가 출판계에 계시는 분께 들은 이야기가 있습니다. 요즘 출판시장이 어렵잖아요. 그런데도 초등학생이나 어린이 대상의 역사 전집물들은 많은 출판사에서 기획되어 출판되고 있어요. 그래서 그분께 물었죠. "잘 이해가 안 간다. 역사책을 얼마나 많이 읽는다고 이렇게 많은 출판사들이 특히 전집류에 대규모 투자를 하느냐"고 했더니, 의외의 이야기를 하더군요. 바로 학부모들의 생각이나 입장을 이야기하는 겁니다. 즉 학부모들 입장에서는 "우리 아이가 중학교 올라가면 국영수 중심으로 공부해야 하니까, 역사 과목이나 과학 과목은 초등학교 때 웬만한 수준으로 올려놓아야 한다"는 거죠. 그래서 초등학생들에게 집중적으로 많은 돈을 투자해서 주로 전집류를 사주는데, 그 과목이 역사와 과학이라는 거예요.

어린이 역사 교육의 입장에서 보면, 이런 상황이 반갑기도 하지만 한편으로는 씁쓸한 마음이 들기도 합니다. 결국은 학생이나 어린이들에게 좋은 역사책을 읽힌다기보다는 선행학습을 목적으로 역사 출판물 시장이 형성되어 있는 것이죠. 그리고 요즘 어린이용으로 만들어지는 역사 전집류들이 20권 또는 40권 등으로 권수가 많다 보니까, 좋게 말하면 내용이 풍부하고 다르게 말하면 중고등학교 교과과정까지도 포괄하는 지나치게 많은 내용을 담고 있어요. 과연 어린이에게 적합한 역사책이 만들어지고 있는가에 대해서는 비판적인 입장에 서지 않을 수 없습니다. 전체적으로 어린이 역사책 시장을 좌우하는 준거가 학교 교육과정이나 교과서이고, 여기에 학부모들이 역사책을 선행학습의 일환으로 바라보는 태도 등이 문제가 되고 있습니다.

윤해동 어린이 책의 구매자가 부모이기 때문에 생기는 문제네요.

임기환 그렇죠. 어린이 역사책을 바람직한 방향으로 끌고 나가는 데 장애가 되거나 왜곡하는 요소가 많아서, 이런 부분을 어떻게 해결할까, 함께 고민할 필요가 있어요. 그중에서도 교육과정과 교과서가 일종의 준거틀을 형성한다는 데에 주목할 필요가 있어요. 아직 사회과 교과서가 국정으로 유지되고 있고, 초등학교에서는 역사 교과목이 사회 교과에 통합되어 있는 게 문제지요. 역사 교과가 5학년과 6학년 사회 과목 안에 포함되어 있다 보니까 '사회과'라는 틀로 교과서 개발 담당자들이 구성되고, 그러다 보니 역사 영역 교육과정 개발에 역사 전문가나 역사 교육 전문가들이 투입되지 않아요. 그래서 전문성이 상당히 약합니다.

　실제로 기존의 교과서도 그렇고 현행 교과서도 그렇고, 내용이나 구성의 측면에서 상당한 문제점을 드러내고 있습니다. 이처럼 많은 문제를 안고 있는 교과서가 일종의 가이드라인이 되어서, 그것을 기반으로 일반 어린이 역사책들이 만들어지다 보니까 거기에서 또다시 새로운 문제들이 발생하는 것 같아

❝ 대학 입학을 위한 강요된 교육에다가 정답만 맞히는 객관식 시험으로는 역사에 대한 근본적인 관심을 불러일으킬 수가 없기 때문입니다. 그리고 한국사를 수능에 반영한다 해도 점수가 아니라 자격시험처럼 통과 여부로 그칠 가능성이 많고요. 저도 그게 바람직하다고는 봅니다만, 그렇기 때문에 반향이 반짝 효과로 그칠 것으로 보입니다. 대학 입시에 실질적인 도움이 그다지 되지 않으니 청소년들이 역사책을 많이 읽을 것이라는 생각은 들지 않습니다 ❞

요. 이런 점을 우선 지적할 수 있습니다.

윤해동 초등역사 교육의 문제점이 중등역사 교육에 그대로 이어지고 있네요. 아까 심사 과정에 관해 이야기를 나눌 때도 나온 이야기지만, 어린이 역사책에 비해 청소년 역사책이 양질 양면에서 모두 빈약하다는 점을 지적할 수 있겠습니다. 이미 초등학교 때 전집 정도의 역사 지식을 집에서 학습해서 중등학교로 진학하고, 중학교에서는 국영수 중심으로 공부를 하는 것이지요. 그렇게 되니까 청소년 역사책 시장은 굉장히 줄어들고, 따라서 청소년 역사책을 집필하거나 출판할 수 없는 상황이 되어버린 거죠.

초등학교 역사 교육의 문제가 중등학교로 이어지고, 이에 따라 청소년 역사책 시장은 쪼그라들 수밖에 없는 상황이 되어버렸는데요. 이 문제를 어떻게 이해하고 돌파해야 합니까?

오세운 큰 틀에서 이야기를 한다고 해결될 건 아니지만, 교사를 하면서 제일 많이 느끼는 것은, 이런 문제를 해결하는 가장 중요한 전제조건은 국영수의 비중을 무조건 줄여야 한다는 겁니다. 지금 국영수 교과목이 차지하는 비중이 거의 40퍼센트가 넘거든요. 여기에 방과후 수업까지 포함하면 50퍼센트를 훌쩍 넘습니다. 이렇게 되니 학생이나 학부모들은 국영수에 '올인'할 수밖에 없는 상황입니다. 국영수 성적이 '대한민국에서 가장 중요'하다는 '대학 입시'와 직결되니까요. 나머지 과목은 현실적으로 공부할 수 있는 시간적 여유가 없어요.

근데 정작 의아한 것은 이렇게 국영수를 공부하지만, 다른 독서를 할 시간이 부족하여 교과서를 제대로 읽을 수 있는 학생이 별로 많지 않다는 점입니다. 능력 있는 아이들은 그 틈에도 책을 읽어 대학 입시에서 논술을 준비할 수 있습니다. 그 외의 학생들은 문장 독해가 되지 않으니 논술을 어떻게 하겠습니까? 게다가 최근에 논술 시험에서 역사를 소재로 다룬 적이 거의 없습니다. 채점하기가 곤란해서인지 아니면 역사를 보는 시각 때문인지는 정확히 모르겠습니다만……

개인적으로 고3 학생들에게 논술 교육을 어떻게 할 것인가를 고민해봤지만 역사에서는 다룰 주제가 별로 없었습니다. 그리고 이번에 한국사가 수능 필수가 되면서 한국사 교육에 큰 반향이 있을 것이라고, 특히 다른 사회과 선생들이 얘기합니다. 하지만 제 개인적 생각으로는 별 변화가 있을 것 같지 않습니다. 왜냐하면 대학 입학을 위한 강요된 교육에다가 정답만 맞히는 객관식 시험으로는 역사에 대한 근본적인 관심을 불러일으킬 수가 없기 때문입니다. 그리고 한국사를 수능에 반영한다 해도 점수가 아니라 자격시험처럼 통과 여부로 그칠 가능성이 많고요. 저도 그게 바람직하다고는 봅니다만, 그렇기 때문에 반향이 반짝 효과로 그칠 것으로 보입니다. 대학 입시에 실질적인 도움이 그다지 되지 않으니 청소년들이 역사책을 많이 읽을 것이라는 생각은 들지 않습니다.

윤해동 한국사가 대학 입학시험에서 필수가 되더라도, 청소년 역사책 시장은 늘어나지 않을 거라는 얘기죠?

오세운 잠깐 반짝 효과가 있을 수는 있지만, 장기적인 효과는 크지 않을 것 같아요.

임기환 수능이 필수가 되면 오히려 교과서 중심의 학습이 많아져서 일반 역사책 읽기는 더 소홀해질 수 있지요.

오세운 참고서나 교과서에 충실한 해설서, 이런 것이 중요하지, 수능 성적에 도움이 되지 않고 역사 상식을 넓히는 책에는 별 관심이 없지요. 또 역사 교육에서도 그렇고 대중적인 책에서도 그렇고, '통사' 체계에서 빨리 탈피할 필요가 있는 것 같아요.

윤해동 앞으로 통사 체계가 역사학에서 살아남을 수 있을지에 대해 저는 상당히 의문을 가지고 있는데요. 통사라고 하는 것이 근대 역사학의 여러 문제들을 집약하는 상징 같아요.

오세운 길게 이야기할 것도 없이, 통사를 배운다고 해서 역사의식이 좋아지지는 않거든요. 오히려 그 시대를 정확히 이해하는 것, 예를 들어 1970년대라면 1970년대 상황을 제대로 이해하는 것이 필요하지, 우리나라 반만년 역사 속에서 1970년대를 알 필요는 없지 않습니까? 이런 것은 전문가가 할 일이죠. 일반인들에게 그 정도의 전문지식은 필요하지 않다고 봅니다. 한국의 역사를 기원에서 현재까지 온전히 꿸 수 있는 학생으로 기르겠다는 것은 과도한 욕심이라고 봐야겠죠.

임기환 통사 체계가 지금 한국사 교과서에서 주류를 이루는데, 그 통사체계를 좀 바꿔서 다른 형태의 역사 구성을 할 수 있는 능력이 현재 담보되어 있지 않죠.

오세운 물론 그게 제일 큰 문제겠죠.

임기환 민족사 체계를 구성할 때에는 통사 체계가 제일 편하게 서술할 수 있는 방식이고, 또 유효한 방식이지요.

오세운 또 한 가지, 요새 문화사나 생활사 그런 거 많이 얘기하는데요. 그게 재미는 있는데, 아직 쓸 만한 역량이 갖춰지지는 않은 것 같아요. 이제 연구서가 나오는 정도니까. 그걸 풀어서 재미있게 쓸 수 있을 때까지는 통사 체계가 계속될 것으로 보입니다. 제가 역사 선생이기는 하지만, 제게도 역사 교과서 서술이 굉장히 어려워요. (웃음)

임기환 사실 교과서나 교육과정이라는 것이 학술적 성과를 직접 반영하는 게 아니라 여러 복잡한 요소들로 형성되는 것이어서, 교육과정에 입각한 교과서의 통사 체계를 바꾸는 건 쉽지 않을 것 같아요. 대신 다른 대안을 생각해보면, 민간 출판사에서 교육과정과 무관하게 학생들에게 보다 바람직한 한국사 체계를 구성해볼 필요가 있지 않을까 싶어요.

지금과 같이 국가가 중심이 되는 교과서에서 벗어나서, 민간 출판사에서 나름대로의 역사의식이나 역사관을 갖고 새로운 역사 구성이나 서술을 가진 청소년 역사책을 만들어내는 것이 중요합니다. 그런 부분들에 역사 연구자와 역사 교육 담당자들이 함께 결합하여 노력하지 않으면, 또 쉽지 않다고 해서 시도조차 하지 않으면, 앞으로 개선될 여지가 별로 없지요. 조금 미진한 수준이라고 하더라도, 여러 가지 형태를 시도해봐야지요. 사실 통사의 해체 등에 대해 이야기하면, 대안이 뭐냐 이런 질문부터 나옵니다. 이럴 때 이런 구성도 가능하고 이런 시도가 의미 있다고 답을 내놓는 것도 필요하다고 생각합니다.

윤해동 일단 양적으로 빈약하고 전반적으로 수준도 낮아서, 청소년 역사책 부문의 시상을 폐지하자는 논의가 내부에서 제기된 적도 있습니다. 그럼에도 불구하고 계속 유지하기로 결정한 것은 이 분야 출판을 권장하는 의미를 담고 있습니다. 앞서 나온 이야깁니다만, 청소년 역사책 출판이 이처럼 부진한 것은 역시 학교 교육 때문이지요. 그런 점에서 학교 교육의 변화가 절실한 시점입니다.

　　지금 정부 일각에서는 중등 한국사 교과서를 국정으로 되돌리겠다는 논의까지 나오고 있습니다만, 이것은 매우 위험한 발상입니다. 전 지구적 추세에 역행하는 비민주적인 발상으로서, 시대착오적인 독단에 지나지 않습니다. 독일의 경우 역사 교육은 각 주 단위로 운영하고 있습니다. 독일의 역사 교육은 지방마다 특색을 가진 다양한 교과서를 통해 진행되지요. 한국에서도 그런 방식으로 지방의 특성을 반영한 여러 가지 책들을 수업시간에 사용할 수 있으면 좋겠습니다. 이런 방식으로 학교 교육이 여유 있게 바뀌지 않으면 한국 교육의 미래는 없을 것입니다.

오세운 중등학교 역사 교육에서 가장 심각한 문제는 시간 확보가 안 된다는 거예요. 지역적 특성을 반영한 교과서를 만든다고 해도 현재의 수업시간으로는 교육이 불가능하죠. 그러니까 교과서 체제가 바뀌지 않으면 안 됩니다. 그리고 독일을 비롯한 서양의 여러 나라들은 워낙 지방분권화 내지 독립된 역사가 오래 됐기 때문에 그렇게 해도 충분하지만, 한국의 경우에는 그 효과가 크지 않을 것 같습니다. 왜냐하면 그 지역의 특성을 확실하게 드러낼 수 있는 곳이 많지 않기 때문이죠.

윤해동 지금 당장은 어렵겠죠. 하지만…….

오세운 예컨대, 제가 지역을 돌아다녀보아도 쉽지 않을 것 같아요. 일본만 해도 지역이 중앙과 어느 정도 독립되어 있지만, 한국에서 중앙 대 지방의 구조가 정립된 것이 너무 오래돼서 지역 중심의 역사는 쉽지 않을 거라고 봅니다. 또 가능하다고 하더라도 가르칠 시간이 안 됩니다. (웃음)

윤해동 국영수가 이렇게 많은 이유가 뭡니까?

오세운 대학 입시에서 국영수를 많이 반영하기 때문이죠. 국영수 반영 비율을 낮추면 바뀔 여지가 많습니다. 그리고 정책 입안자들이 학생의 학습량 부담을 줄여준다는 이유로 선택 과목을 자꾸 줄이니까 국영수 비중이 더 커지는 거죠.

윤해동 수업 부담을 줄인다는 게 가장 큰 이유가 되는군요.

오세운 근데 정작 공부하는 양이 주는 건 아닙니다. 왜냐하면 국영수 비중이 커지니까 거기에 올인을 하는 거죠. 그렇게 하다 보면 다른 책을 못 읽게 되고, 학생들이 공부는 많이 하지만 머리에 지식은 쌓이지 않는 현상이 생기게 됩니다. 한국 교육에서 과정 서술형이나 발표 수업 혹은 쓰기나 작문 수업이 잘 안 이루어지고 오로지 5선지 가운데서 답을 고르는 교육만 하니, 그저 '찍기 위한' 지식만 필요한 거죠. 그걸 내 것으로 체화하려는 노력을 안 하니까, 그렇게 얕게 한 공부는 시간이 지나면 자동으로 지워지는 거죠.

윤해동 영양을 골고루 섭취해야 건강하게 크는데, 국영수만 가지고 한 인간을 판단하니 참 문제입니다.

임기환 어쨌든 그런 부분은 제도적이고 권력과 관련된 문제라서 쉽게 해결이 안 되지만, 그런 제약 속에서도 초등학교 어린이들은 좀 여유가 있어요. 왜냐하면 평가라든가 입시 등의 '줄 세우기' 가 상대적으로 적으니까요. 초등학생들은 조금 자유롭게 역사 책도 보고 흥미도 많이 갖고 있어서 이들을 위한 책이 꽤 나오 는 편인데, 청소년들은 완전히 입시 구조에 갇히게 되지요.

오세운 근데 제가 가르치는 아이들 중에서 상당히 똑똑한 아이들도, 제일 어려운 과목이 뭐냐고 물으면 한국사를 꼽는 경우가 의 외로 많아요. 왜 그런가 생각을 해보면, 단정적인 역사 혹은 틀이 정해진 역사를 기계적으로 암기해야 한다는 생각이 강하 기 때문이에요.

임기환 고등학교는 입시가 굉장히 절실하더라도, 중학교는 그래도 여 유가 있지 않나요?

오세운 중학교가 거의 마지막 기회인데요. 하지만 중학교에서도 국영 수만 공부하도록 강요하는 구조이기 때문에 다른 책을 읽을 시간이 없어요. 주변의 중학생들을 보면, 국영수를 따라가기 에도 바쁩니다.

윤해동 지금은 여러 가지로 매우 어려운 상황입니다만, 국영수 비중이 줄고 균형 잡힌 교과 교육으로 회귀하는 날이 반드시 올 거라 고 믿고, 또 그런 날을 위해서 좋은 청소년 역사책을 많이 만들 어야 하지 않을까, 이렇게 생각합니다.

임기환 예심이나 본심에 올라온 책을 보면, 신선하지 않은 책도 있었지만 대체로 주제 선정, 집필, 편집, 제작 등의 측면에서는 어느 정도 궤도에 오른 것 같아요. 문제는 여기에 어떤 내용을 갖추느냐, 그 내용을 얼마나 신뢰할 수 있게 만드느냐 하는 것인데요. 아직은 편차가 많고, 또 얼마나 공을 들였는가에 따라 차이가 나기도 하더군요. 그런 점에서 출판 영역에서 활동하는 분들의 능력은 상당한 수준에 올라 있는 데 비해, 거기에 내용을 제공해주는 역사 교육 담당자들과 연구자들의 분발이 필요한 상황입니다.

윤해동 역사학과 역사 교육을 전문적으로 연구하는 사람들, 일선에서 교육하는 선생님들, 그리고 작가들과 출판사의 전문 편집자들이 다 같이 협력해서 더 좋은 책을 만들어가는 노력을 기울여야 할 것이라고 생각합니다.

오세운 여담이지만, 경기대학교 이재범 선생이 대중역사서(《슬픈 궁예》)를 집필한 후일담을 들어보니까, 박사학위 논문 쓰는 것보다 대중역사서 쓸 때가 더 힘들었다고 하더라고요.

임기환 연구자 입장에서는 논문 쓰는 게 더 쉽지요.

오세운 어린이 역사 출판물에서 제일 어려운 게 실증 문제예요. 요즘 방영되고 있는 〈수백향〉이라는 사극에 대해 어떤 학생이 실존 인물이냐고 질문을 하더라고요. 실존 인물인지 아닌지 아주 모호한데도 실존 인물처럼 그리는 건 문제가 있지요. 역사에 흥미를 유발하는 측면은 있지만, 과도한 각색이 오히려 역사로부터 관심을 멀어지게 하는 측면도 있습니다.

윤해동 픽션을 가미해서 역사적 흥미를 돋우는 것이 사극의 중요한 특장 중의 하나라고 생각하는데요.

오세운 근데 그게 사실에 기반을 두고서 개연성이 높아야 하는데, 개연성이 떨어지는 것을 다 가져다 집어넣으니까요.

임기환 한국 역사 드라마 작가나 피디들이 가진 수준의 한계죠. 중국이나 일본의 역사물을 보면, 한국처럼 거의 판타지 수준으로 그리지는 않아요. 기본적으로 역사적 사실이 골격을 이루고 역사적 사실을 생동감 있게 다루기 위해서 픽션을 가미하는데, 우리는 기본 골격 자체를 완전히 없애버리고 거의 상상력만으로 구성해버리죠.

시상제도를 둘러싼 몇 가지 문제

윤해동 이제 논의가 자연스럽게 세 번째 파트로 넘어가게 됐는데요. 올해는 작가들에게 시상을 하도록 되어 있습니다. 이에 대해서는 처음에 제도를 만들 때부터 여러 측면에서 문제 제기가 있었습니다. 결국 내년부터는 시상 대상을 바꾸어 출판사를 시상하기로 했습니다. 어린이·청소년 역사책을 만드는 것은 작가 혼자의 힘으로는 불가능하다는 거죠. 작가에다 그림을 그리는 화가, 출판사 편집자 그리고 자문이나 감수를 하는 연구자 등이 다 같이 협력하지 않으면 좋은 책을 낼 수가 없다는 것입니다. 따라서 출판사를 대상으로 시상을 하고 출판사에서 알아서 상금을 배분을 하는 것이 좋겠다는 결론에 이르렀습니다.

어린이·청소년 역사책 제작의 특수성을 감안한 결정입니다. 작가 혼자 할 수도 없고 연구자 혼자서 할 수도 없는 그런 특수성을 가진 것이 어린이·청소년 역사책이 아닌가 생각합니다.

시상제도 운영이나 앞으로 어린이·청소년 역사책의 바람직한
발전 방향 등에 대해 한 말씀씩 해주시죠. 현행 제도의 문제점
도 지적해주시고요.

오세운 앞서 한국사를 다뤘다고 하더라도 시각이 트랜스내셔널하다
면 시상 대상에 포함시키자고 한 임기환 선생님의 제안에 찬
성합니다. 그렇지만 그렇게 쓰인 청소년용 역사책을 찾아내기
란 더욱 어렵지 않을까 하는 염려도 분명히 있습니다. 또 역으
로 다른 나라를 다룬 역사책이라 하더라도 그 나라를 객관적
으로 이해할 수 있게 서술했다면 포함시키는 것도 고려할 만
합니다. 큰 틀에서 그 나라의 역사를 새롭게 이해할 수 있는
역사책을 포함시키면 좋지 않을까 생각합니다.

임기환 아까 제가 드린 말씀은, 특히 어린이 책의 경우 주제 자체가 트
랜스내셔널 시각에서는 쉽게 만들어지지 않는다는 게 전제였
던 거고요. 물론 쉽지는 않겠지만, 예심할 때 소재 면에서 대
외관계라든가 전쟁이라든가 국제 관계사를 다루면서 과연 어
떤 관점을 유지하고 있는가를 살펴보면 어느 정도 드러나리라
는 생각이 듭니다. 그리고 출판사에서 책을 출품할 때 그 책이
이 상의 취지에 어떤 점에서 부합하는지 간단하게라도 작성해
제출하도록 하면 심의할 때 도움이 될 것 같습니다.

윤해동 앞으로 그런 제도를 도입하는 것을 고려해보도록 하겠습니다.

최정아 예심을 할 때에 저희는 신간 안내자료를 유심히 보았습니다.

임기환 이 상의 기획 의도와 취지 등을 출판사에 제시하면, 출판사 입
장에서는 이런 기획이 있을 수도 있겠구나 하는 아이디어도
얻을 수 있다고 봅니다. 이런 주제의 역사책을 많이 만들어내
고 확장하게 하는 것이 이 시상제도의 목적이니까, 그런 점을

출판사 쪽에서 의식하게끔 제시하는 과정이 필요하지 않을까 합니다. 그래야 이 상의 방향에 적합한 책이 자꾸 만들어지겠지요.

윤해동 예심을 통과한 책이 올해는 6종입니다만, 처음에는 15종 안팎으로 예상했습니다. 15종 안팎의 예심 통과 도서를 권장도서 목록으로 만들어서 배포할 예정이었지요. 종수는 적지만 원래 계획대로 올해도 예심을 통과한 6권의 도서를 권장도서 목록으로 만들어서, 리플렛 형태로 배포할 예정입니다. 도서관 같은 데에 붙여놓고서 학부모들이나 아동들이 책을 선택하는 데 도움을 받을 수 있도록 할 생각입니다.

그런데 권장도서 목록을 만들어 배포하는 것에 대해서, 지난해 3월 심포지엄을 할 때에 몇몇 분들이 강력하게 항의했어요. 이것이 아동도서 시장에서 '권력'으로 기능할 가능성이 있다, 연구소가 무슨 근거로 그런 권력을 함부로 행사하느냐, 그런 항의였지요. 최정아 선생님은 어떻게 생각하세요?

최정아 제가 예전에 어린이도서연구회에서 활동했는데, 그 단체가 굉장히 영향력이 있었어요. 해마다 권장도서 목록을 만들었는데, 그때가 2000년대 초였어요. 어린이도서연구회는 회원이 굉장히 많았고, 그 회원들이 거의 학부모로서 전국적으로 풀뿌리처럼 퍼져 있는 상황이라, 그분들이 한 권씩 책을 사기만 해도 굉장한 판매량을 올릴 수 있었지요.

오세운 지금은 어때요?

최정아 지금은 그때와 달리 권장도서 목록을 만드는 데가 많아졌잖아요. 그래서 차별성이 거의 없어진 게 아닌가 싶어요.

오세운 중고등학교에는 '책따세(책으로 따뜻한 세상 만드는 교사들)'가 있잖아요.

최정아 네. 그래서 연구소에서 권장도서 목록을 만들어도, 과연 몇 분이 보실지……

오세운 권장도서 목록을 만들어도 권력은 안 돼요. (웃음) 그리고 다른 데는 주제가 포괄적인데 여기는 딱 제한되어 있잖아요. 주제가 제한되어 있다는 건 영향력도 제한되어 있다는 거예요.

윤해동 영향력이 크지 않으므로 권력으로 기능할 가능성도 적다고 보는 거죠?

임기환 네. 권력보다는 책임감만 커지는 거죠. 저희들이 권장도서로 추천을 했는데, 이는 그 책에 대한 신뢰도 등 여러 가지를 보장한다는 것을 전제로 하는 거잖아요. 책임감이 커지는 거죠.

오세운 그래서 시상 도서나 권장도서에 대한 단점도 분명히 지적할 필요가 있어요. 어떤 장점이 있고 어떤 문제점도 있으므로, 감안하고 읽어야 한다는 얘기를 해줘야죠.

윤해동 예. 이제 마지막으로 돌아가면서 결론 삼아 한 말씀씩 해주시고 좌담을 마무리할까 합니다.

오세운 역사가 대중화되면서도 객관성을 유지했으면 합니다. 세계화, 지구화가 되면서 외국을 다닐 기회가 많아졌는데, 그때 배운 지식하고 책으로 읽는 지식이 일치될 수 있는, 혹은 일치는 아니라도 그 차이가 줄어들 수 있는 그런 역사책이 많이 나왔으면 합니다. 그것이 결국 역사를 배우는 중요한 이유일 테니까요.

최정아 예심을 4명이 진행했는데, 미흡한 점이 많았습니다. 또 좋은 책이었지만 상의 취지와 맞지 않아서 어쩔 수 없이 빼야 했던 안타까운 책도 있었어요.

오세운 나중에 '안타까운 책', 이런 걸 만들어서……. (웃음)

임기환 '아차상'. (웃음)

최정아 '아차상', 그거 좋을 것 같아요. 어린이·청소년 대상 역사책 시장이 교과서 중심, 학습 중심, 공모전 중심으로 돌아가다 보니까 다양한 목소리를 내기 쉽지 않은 것이 현실이잖아요. 연구소에서 이런 상을 제정해서 다양한 목소리를 낼 수 있게 힘을 보태준다면 작가나 출판사가 좀 더 자극을 받지 않을까 합니다. 그래서 말인데요, 상금을 조금 더 높였으면 좋겠습니다. (웃음)

윤해동 그건 정말 어려운 문제인 것 같아요. (웃음) 저희들은 시상을 계기로 책이 더 많이 팔려서 간접적으로 효과가 나기를 기대하고 있습니다. '아차상'을 제정하는 문제는 앞으로 더 고려해 볼 필요가 있을 듯싶습니다.

오세운 공식적인 추천은 아니지만, 이런 기회를 통해서라도 책을 소개하는 건 좋을 것 같아요.

윤해동 마지막으로 본심 심사위원장 임기환 선생님이 종합적으로 한 말씀 해주시면 감사하겠습니다.

임기환 제1회 시상을 위해 예심, 본심 과정을 거쳐서 최종적으로 선정된 책들에 대해 여러 면에서 좋은 평가를 할 수 있어서 보람이 컸습니다. '국경을 넘는 어린이·청소년 역사책'을 선정하고 시상을 하는 것은, 이런 주제와 관련해서 우리의 역사의식을 확장시키고, 또 이를 통해 좋은 역사책을 만드는 데 도움이 되기를 바라는 마음에서입니다.

　앞으로는 심의와 관련한 인력도 보충하고 상금도 더 늘리는 것이 필요할 듯싶습니다. 또 출판사나 책을 제작하는 분들에

게 구체적으로 도움을 주기 위해서는, 심의한 여러 책들이 가
진 장점과 문제점 모두를 깊게 진단하여 전반적으로 출판의
수준을 끌어올릴 수 있는 목표와 기준을 제시하는 것이 필요
하지 않을까 기대해봅니다.

윤해동 심사하시느라 고생하셨고, 또 이렇게 추운 날씨에 좌담회까지
나오시라고 해서 죄송한 마음입니다. 이것으로 좌담을 모두
마치도록 하겠습니다. 장시간 고생하셨습니다. 감사합니다.
(박수)

집필진 소개

김태호

서울대학교병원 의학역사문화원 연구교수. 서울대학교 대학원 과학사 및 과학철학 협동과정 졸업. 싱가포르 국립대학교, 컬럼비아 대학교 박사후연구원. 한국 근현대 과학기술사 전공. 박사학위 논문으로 〈통일벼'와 1970년대 쌀 증산체제의 형성〉, 논문으로 〈'가장 과학적인 문자'와 근대 기술의 충돌: 초기 기계식 타자기 개발 과정의 문제들〉, 〈리승기의 북한에서의 비날론 연구와 공업화: 식민지 유산의 전유 과정을 중심으로〉, 〈How Could a Scientist Become a National Celebrity? Nationalism and Hwang Woo-Suk Scandal〉 등이 있다.

류현종

제주대학교 교육대학(초등사회과교육 전공) 부교수. 한국교원대학교 사회과교육 전공에서 박사학위 취득. 현재 사회과교육, 역사학습, 수업비평 연구. 논문으로 〈'사건'과 '정서'로 역사수업 읽기〉(《사회과교육연구》 제21권 1호), 〈초등학생들의 시 쓰기 활동에 나타난 역사 이해 및 재현 양상〉(《역사교육연구》 17호), 〈'수업공동체' 활동을 통한 사회과 수업의 성찰과 소통〉(《사회과교육연구》 제20권 1호), 〈제주 지역 교과서에 나타난 동아시아 재현 양상〉(《동양문화연구》 12호), 공저로 《지역과 사회과교육》, 《지역사회와 다문화교육》 등이 있다.

임기환

서울교육대학교 사회과교육과 교수. 한국고대사학회 회장. 경희대학교 사학과 박사학위 취득. 현재 한국고대사, 초등역사교육, 박물관교육 연구. 논문으로 〈집안고구려비와 광개토왕비를 통해 본 고구려 수묘제의 변천〉(《고려사학회》 54), 〈삼국사기 온조왕본기 영역 획정기사의 성립시기〉(《역사문화연구》 47), 〈초등 사회과 역사영역 교육과정과 연계한 박물관교육 프로그램 구성방안〉(《한국초등교육》 68) 등이 있다.

정면

한양대학교 비교역사문화연구소 HK연구교수. 서강대학교 대학원 사학과에서 박사학위 취득. 논문으로 〈'爨龍顏碑'를 통해 본 5세기 雲南 '西爨' 세력의 성격〉, 〈南詔와 唐의 경계, 그리고 동아시아 세계질서〉, 〈唐代 '南中' 지역과 '西爨'—〈爨守忠墓誌〉의 해석을 중심으로〉, 〈白族과 '白蠻'—《白族簡史》의 백족 계보 구성 비판〉 등이 있다.

RICH 트랜스내셔널인문학총서

어린이·청소년 역사책, 길을 묻다

1판 1쇄 2014년 5월 31일

기   획 | 한양대학교 비교역사문화연구소
엮은이 | 정면

편   집 | 천현주, 박진경
마케팅 | 김연일, 이혜지, 노효선
디자인 | 석운디자인

종   이 | 세종페이퍼

펴낸곳 | (주)도서출판 **책과함께**
주소 (121-896) 서울시 마포구 월드컵로 50 5층
전화 (02) 335-1982~3
팩스 (02) 335-1316
전자우편 prpub@hanmail.net
블로그 blog.naver.com/prpub
등록 2003년 4월 3일 제25100-2003-392호

ISBN 978-89-97735-42-6 (93900)

이 도서의 국립중앙도서관 출판시도서목록(CIP)은 서지정보유통지원시스템 홈페이지
(http://seoji.nl.go.kr)와 국가자료공동목록시스템(http://www.nl.go.kr/kolisnet)에서 이용
하실 수 있습니다.(CIP제어번호: CIP2014016265)

* 이 책은 2008년 정부의 재원으로 한국연구재단의 지원을 받아 수행된 연구임(NRF-2008-361-A00005).
* 이 책에 실은 도판은 저작권자의 허락을 받아 게재한 것입니다. 허가를 받지 못한 일부 도판
은 저작권자가 확인되는 대로 사용 허가를 받고 통상의 사용료를 치르겠습니다.